RESSOURCES & SENS

La collection Ressources & Sens

Cherchant à donner du sens à notre vie, nous nous tournons souvent vers l'extérieur et demandons aux autres de nous apporter solutions et réconfort. Or, nous avons déjà en nous tous les champs des possibles, des ressources qu'il nous suffit d'identifier et de développer. Cette collection vous y invite dès à présent.

Dr Kristen Lamarca, *Le pouvoir des rêves lucides*, 2020.

François Lallier, *Expériences de mort imminente*, 2020.

Joëlle Portalié, *Développez vos facultés de voyance*, 2020.

Gérard Grenet, *Secrets de chaman urbain*, 2020.

Amy B. Scher, *Vous aussi, vous êtes guérisseur !*, 2020.

Lila Rhiyourhi, *Nettoyez votre énergie*, 2019.

Lila Rhiyourhi, *Vous aussi, vous êtes médium*, 2019.

Pedro Siqueira, *Vous aussi, vous avez un ange gardien !*, 2019.

Christian Bourit, *Vivez pleinement : vivez quantique !*, 2019.

Lila Rhiyourhi, *Vous aussi, vous êtes magnétiseur !*, 2018.

Carole Berger, *Les fabuleux pouvoirs de l'Ho'oponopono*, 2018.

Pascal de Clermont, *Révélez le mentaliste qui est en vous !*, 2018.

Conseil éditorial : Stéphanie Honoré
Édition : Isabelle Chave
Correction : Pascale Braud
Maquette : Evelyne Nobre
Design couverture : Antartik
Illustrations : AdobeStock

10 place des Cinq-Martyrs-du-Lycée-Buffon
75015 Paris - France
ISBN : 979-10-285-1973-5

RESSOURCES & SENS

CARMEN FOLGUERA

LA VOIE DU YI JING

Faire les bons choix en conscience

LEDUC Éso

SOMMAIRE

« Avant de décider d'une conduite ou d'entreprendre une action, le Sage pose une question. Le Yi (Yi Jing) en reçoit simultanément le mandat à l'instar de l'écho… Le Yi connaît spontanément les êtres et les choses qui adviennent. Qui d'autre pourrait prédire avec autant de subtilité… ? »

Confucius

INTRODUCTION

Ma quête de sens et d'apaisement a débuté il y a vingt-cinq ans, au moment où je découvre, simultanément, le qi gong et le Yi Jing. Un autre monde m'est dévoilé, celui de l'échange ininterrompu des forces qui régissent l'Univers : l'énergie. Cette révélation soudaine — oserais-je dire, souveraine ? — m'ouvre les portes de la perception ; celles qui font accéder à une réalité invisible. Je peux enfin me reconnecter à une transcendance et tenter d'unir ce qui a été séparé dans l'obscurité de ma vie. Je prends conscience que j'ai vécu jusqu'alors sans reliance ni trajectoire.

Devenu mon compagnon de route philosophique, le texte du Yi Jing met en mots les manifestations à venir du réel, derrière les apparences du réel. Les synchronicités se multiplient comme autant de balises ponctuant l'indicible. L'interaction entre le consultant et l'oracle est en effet consubstantielle au Yi Jing. La réponse est le miroir de l'esprit et de la grande conscience universelle du Dao. Peu à peu et tout aussi inéluctablement, les prédictions avisées du Yi Jing me conduiront à évoluer du sentiment de victimisation, empreint d'impuissance et de déresponsabilité, à l'acceptation du rôle d'acteur. Au fil des ans, j'acquiers une liberté grandissante. J'accède progressivement à un niveau de conscience salutaire en m'affranchissant du brouillard des illusions. Le Yi Jing m'a délivrée et reliée.

Ses multiples traductions sont souvent des pavés d'érudition destinés à un public averti, sinon formé. La plupart du temps, le lecteur néophyte doit recourir à un intermédiaire pour sa compréhension, car il s'y heurte à un langage archaïque, allusif et touffu que l'on pourrait qualifier de « poétique ». Ce constat m'a convaincue de la nécessité de réduire le texte originel à sa quintessence, de le commenter simplement et clairement afin de le rendre accessible au plus grand nombre. Chaque hexagramme ou réponse est illustré par un cas ou situation type, issu de mes propres interrogations ou de mes consultations.

Puisse cette version concise éclairer le lecteur sur son chemin de vie, comme il m'a été donné de le faire.

PARTIE 1

LE *YI JING*, HISTOIRE ET MÉTHODE

QU'EST-CE QUE LE *YI JING* ?

En chinois, *yi* signifie soit « changement » ou « processus de mutation », soit « loi fixe ». En dépit de cet aspect paradoxal, le mot ne résiste pas à une analyse plus fine. Il suggère que la seule règle universelle est l'impermanence. En lui, réside toute la subtilité de l'esprit chinois qui nous enseigne l'instabilité de la vie, y compris dans les réponses de l'oracle qui ne sont pas toujours immuables. Cette philosophie imprègne les conseils que nous délivre le *Yi*, car rien n'est jamais définitivement acquis ou perdu. À la fois relativiste et positif, ce guide spirituel nous accompagne en toutes circonstances. Il nous aide à traverser au mieux les tempêtes de l'existence, en nous inspirant de sages décisions.

De nos jours encore, aucun responsable de la République populaire de Chine ne prend une décision ou un rendez-vous d'importance sans le consulter.

Le second terme, *jing*, signifie au sens classique : « traité, canon, livre ».

Le *Yi Jing* ou *Livre des transformations*

Traduit dans la plupart des langues de tous les continents, le *Yi Jing* fait partie du patrimoine intellectuel de l'humanité.

Par commodité, on utilise la forme courte – Yi – pour désigner le livre, comme s'il s'agissait d'un être animé.

On compte plus de trois mille commentaires, exégèses et traductions. Cette inflation textuelle[1] est le plus souvent amputée de la dimension magique et primitive du texte originel. La version ici présentée aspire à en condenser la substance et à respecter son langage elliptique tout en éclairant ses apparentes obscurités.

L'Univers, la Nature et l'Humain observés pendant des millénaires alimentent et forgent le *Yi Jing*. Cette grande collecte d'archives divinatoires est considérée comme le plus ancien texte de la culture chinoise et aussi le premier de ses cinq grands classiques.

1. *Zhou Yi, le Yi Jing intégral* (370 p.) et *Zhou Yi, commentaires du Yi Jing intégral* (351 p.) de Zhou Jing Hong et Carmen Folguera aux Éditions You Feng. *Zhou Yi* est le nom premier du livre, appellation ignorée en Occident. Les deux noms (*Zhou Yi* et *Yi Jing*) sont indifféremment utilisés en Chine.

UNE FASCINANTE MACHINE À CONNEXIONS... DE VALEUR UNIVERSELLE

Le *Yi Jing* est la base de cette civilisation, depuis les grands principes de la calligraphie jusqu'aux arts martiaux, en passant par la diététique.
L'ouvrage envisage tous les aspects possibles du vivant, son champ de significations est quasi illimité et représente la tentative la plus achevée que l'esprit humain ait élaborée pour décrire le réel.

Le livre des synchronicités

En Occident, le *Yi Jing* a captivé bien des esprits. Le psychanalyste Carl Gustav Jung s'est passionné durant plus de trente ans pour cette « technique oraculaire ou méthode d'exploration de l'inconscient » Selon lui, le résultat d'un tirage révélerait une interdépendance entre des événements objectifs et l'état subjectif ou psychique du consultant. Un peu comme la physique quantique qui met en évidence l'influence de l'observateur sur l'objet observé...

Jung invente alors le concept de « synchronicité » pour dépeindre une coïncidence hautement signifiante qui se produirait en dehors de toute causalité. La réalité extérieure reflète donc la pensée. Ainsi, il est préférable d'éviter d'interroger le *Yi* dans un état de confusion ou de stress, car la réponse risquerait de nous paraître inintelligible... et pourtant, *n'importe qui, doté d'un peu de bon sens et de libre curiosité, peut entendre la réponse, malgré son langage archaïque, symbolique et souvent fleuri.*

Le plus vieux livre du monde...

Ses origines remonteraient au-delà des limites de l'Histoire, telle que nous pouvons la concevoir.

La tradition met en scène un héros de la Chine antédiluvienne, nommé Fu Xi et considéré comme le premier empereur légendaire. Il aurait vécu à l'époque néolithique (vers 6 000 av. J.-C. !) et aurait inventé le code des huit trigrammes, permettant de décrypter toutes les manifestations du réel.

Plus proches de nous, des découvertes archéologiques datant de la dynastie Shang (environ 1 500 av. J.-C.) ont mis au jour des omoplates de buffle et des écailles de tortue, portant des traces de leur passage dans le feu. Cette technique, nommée « scapulomancie », était utilisée par les devins qui brûlaient ces os jusqu'à ce qu'ils se craquellent. Les lignes produites étaient alors interprétées comme des oracles... ce sont les ancêtres des premiers pictogrammes chinois, on parle d'« écriture ossécaille ».

Zhou Wen Wang, le fondateur de la dynastie des Zhou (1 100 av. J.-C.), aurait poursuivi l'élaboration du *Yi*. On lui attribue la paternité des soixante-quatre hexagrammes, constitués chacun de deux trigrammes, structurant la totalité du *Yi Jing*.

Confucius lui-même (551-479 av. J.-C.) aurait complété l'écriture du texte et on murmure même que Lao Zi[2], son contemporain et père fondateur du taoïsme, l'aurait éclairé sur certains passages... Leur grande sagesse s'instille au fil des pages. Les valeurs d'humanité, de tolérance sont au cœur des enseignements du *Yi Jing*.

Le sens du « juste » concerne à la fois la justice et la justesse. La philosophie confucéenne insiste sur l'adéquation entre la parole et

2. Prononcer Lao Tseu.

les actes. Il s'agit de ne pas céder aux conflits d'intérêts, d'éviter les excès et l'insuffisance, de perfectionner la connaissance de soi et d'observer le *juste milieu*.

Confucius se passionnait tant pour le Yi Jing qu'à force de le lire et relire avec assiduité, il en aurait brisé par trois fois les cordelettes reliant les lattes de bambou sur lesquelles le texte se déroulait.

De nos jours, la naissance du *Yi Jing* fait encore débat entre les partisans de la tradition et ceux de l'Histoire. La démarche historique réduit l'approche traditionnelle au statut de mythe. Son approche rationnelle recouvre d'un voile conceptuel et réducteur le principe régulateur cosmique du *Yi Jing*, comme si l'autopsie d'un cadavre entraînait la dénégation des *dan tien*, ces champs énergétiques qui font l'homme, appelés aussi « champs de cinabre ». Accepter que la datation et les auteurs restent des mystères sans réponse, c'est déjà entrer dans le monde du *Yi Jing*.

COMMENT FONCTIONNE LE *YI JING* ?

LE *YIN* ET LE *YANG* : UNE DUALITÉ EN MOUVEMENT

Le *Yi Jing* a donné naissance au concept du *yin* et du *yang*, habituellement associé au diagramme circulaire noir et blanc, nommé *Tai Ji Tu*.

On dit que le *yang* – la section blanche – est le versant ensoleillé d'une montagne ou adret et le *yin* – la section noire – l'autre côté ou ubac. La différenciation entre l'ombre et la lumière est relative, car l'une n'existe pas sans l'autre.

Par essence, le *yang* est opposé au *yin* et le domine, tel le Ciel au-dessus de la Terre ou la Terre apparue après le Ciel. En réalité, ils s'épaulent, s'équivalent et s'interpénètrent. Ils sont le symbole de l'interdépendance, de la constante interaction et transformation perpétuelle des éléments. Ces notions nous aident à appréhender le concept de vacuité, propre aux deux courants majeurs de la pensée chinoise, le taoïsme et le bouddhisme : rien n'existe en soi de manière intrinsèque, car tout résulte de causes et de conditions.

Les deux polarités sont en perpétuel mouvement et en perpétuelle mutation : quand le *yang* est à son extrême épuisement, il renaît, c'est l'œil blanc dans le noir. Quand il atteint son apogée, il amorce sa décroissance, ce qu'indique l'œil noir dans le blanc.

Yin et *yang* ne sont donc ni des états ni des attributs, car rien ne peut être qualifié de totalement *yin* ou de totalement *yang*, ce sont des tendances relatives qui dépendent d'un point de référence. Le soleil couchant disparaît en apparence pour notre hémisphère et son mouvement ascensionnel commence à minuit. Le langage dit bien « une heure du matin » malgré la nuit noire. Rien n'est tranché et tout est en nuances.

Quelques exemples de prédominance *yin/yang*

Yin	***Yang***
Lune	Soleil
Nuit	Jour
Féminin	Masculin
Obscurité	Lumière
Eau	Feu
Souplesse	Fermeté
Immobilité	Mouvement
Pesanteur	Légèreté
Conservation	Création
Réceptivité, passivité	Dynamisme
Stabilité	Changement
Intérieur	Extérieur
Bas	Haut

Yin et yang *sont les composants de l'univers, l'origine de la matière, les deux emblèmes indissociables de la totalité phénoménologique.*

Dans le *Yi*, *yin* et *yang* sont graphiquement représentés de manière épurée. Le *yang* prend la forme abstraite et condensée d'un trait plein ; cette ligne droite, parfaite, infinie et indéfinie, recèle tout, sans commencement ni fin. Le *yin* est figuré par une ligne brisée, évoquant la multiplicité des formes et la divisibilité des actions.

trait *yang* — trait *yin*

UN TRIGRAMME + UN TRIGRAMME = UN HEXAGRAMME

Deux traits – l'un plein, l'autre brisé – se substituent donc au diagramme noir et blanc du *Tai Ji Tu* pour en exprimer l'indissociable et complémentaire trajectoire circulaire. L'énergie du *Tai Ji Tu* est un perpétuel mouvement, générateur de transformations. Cette énergie engendre un doublement du trait initial, selon une alternance *yang/yin*. Il s'agit de la deuxième ligne du tableau ci-dessous qui fait apparaître les « bigrammes ». Cette dynamique toujours renouvelée va générer la troisième ligne. Le principe est le même : un troisième trait apparaît au-dessus de chaque bigramme. Ainsi naissent les huit trigrammes.

Ce tableau résonne comme un écho d'un autre texte ancien, le *Dao De Jing* de Lao Zi : « Le Tao engendre le Un, le Un engendre le Deux, le Deux engendre le Trois, le Trois engendre les dix mille êtres. »

Selon ce processus de duplications successives, le *yin* et le *yang* génèrent ces figures symboliques de trois traits superposés, nommés « trigrammes ». Au nombre de huit, ils auraient été inventés par Fu Xi, le héros civilisateur de la Chine dans la très haute Antiquité. Chacun de ces huit trigrammes porte un nom et englobe une partie des phénomènes existants. Ils constituent un véritable langage codé, permettant de décrypter l'ensemble des manifestations ou *les dix mille êtres*.

Les trigrammes

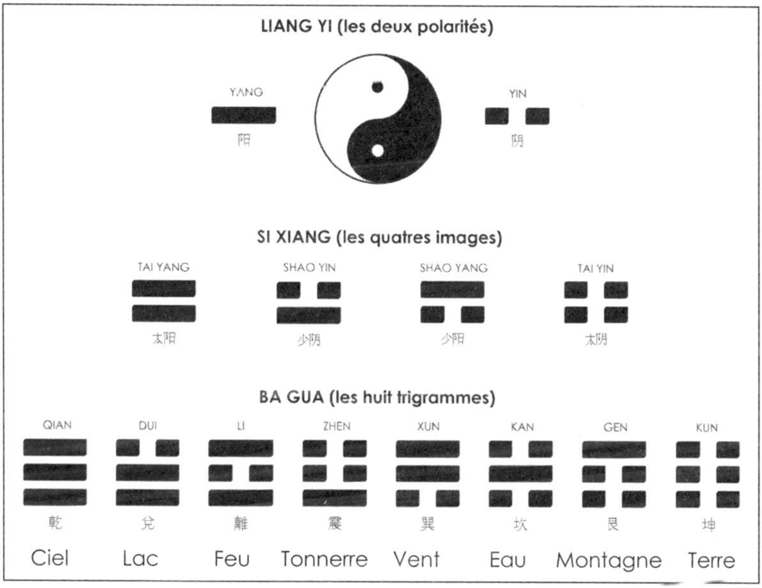

Le *Yi* pourrait être qualifié de sobre, si l'on considère seulement ses huit emblèmes ou trigrammes pour lire et dire la totalité de l'Univers. Mais chacun des huit trigrammes est lui-même un réservoir inépuisable d'images, il est donc associé à un nombre incommensurable d'attributs, car les corrélations sont, par essence, illimitées.

La pensée traditionnelle chinoise fonctionne par expérimentation éprouvée, par analogie de forme, mais aussi par association d'idées ou de manière énergétique et intuitive. Il s'agit donc d'abandonner les schémas de notre rationalisme et ses habitudes de logique qui tendent à trier, à soupeser, à classer. Pour entrer dans le monde du *Yi*, il convient d'en accepter certains postulats sans chercher le pourquoi du comment. La connaissance des trigrammes et de leurs associations n'est nécessaire ni pour interroger le *Yi* par la méthode présentée ici (voir « Consultation, mode d'emploi », p. 21) ni pour appréhender le texte et sa signification. Elle est requise pour d'autres méthodes de tirage plus complexes, telles que la numérologie de la Fleur de Prunier qui utilise les images reliées aux huit trigrammes et le calendrier traditionnel chinois. Cette connaissance s'acquiert au fil du temps et suppose un intérêt prononcé pour la philosophie chinoise.

À L'ORIGINE, LE DAO

Le *Yi Jing* est donc fondé sur la complémentarité des deux polarités *yin/yang*. Leur interaction est source de toute vie et le reflet naturel des choses. Origine de la matière, les deux principes couvrent toute l'étendue du réel.

La cosmogenèse chinoise raconte qu'à la source première, il y a la *vacuité suprême*. Dans cet espace fondamental antérieur à toute manifestation – représenté par un cercle vide – s'élève l'énergie dite « originelle ». L'unité originelle existe sans différenciation en tant que point zéro absolu avant les notions d'espace-temps. C'est un état d'entièreté primordial, totalement subtil, qui ne présente aucune des propriétés de la matière. C'est un champ infini d'information fondamentale et structurelle sans forme aucune. À ce niveau absolu, c'est le Dao.

De cet état non duel jaillit un point qui concentre un incommensurable potentiel énergétique. C'est le stade du *Un primordial*, dans le monde invisible.

Le temps, l'espace et le mouvement vont étirer ce point-cœur pour engendrer le *yin* et le *yang*, symbolisés par le cercle noir et blanc des *deux polarités* (voir tableau plus bas) et par les traits, plein pour le *yang*, brisé pour le *yin*. Le mouvement perpétuel crée l'information de la gravitation et de la radiation, puis les particules, les atomes et l'énergie amorcent la différenciation *yin/yang*.

Dans la phase suivante, dite « des quatre images », le *yin* et le *yang* s'interpénètrent toujours davantage et poursuivent le processus d'évolution. À l'apogée de leur expansion, les traits sont complétés par un petit triangle signifiant la mutation en cours. Un trait dit « mutant » est arrivé à sa maturité maximale et nécessairement ne peut que se transformer en sa polarité contraire. Sa nature *yin* ou *yang* est en voie de mutation : un vieux trait *yin* mutant deviendra un trait *yang* naissant et inversement.

Le dernier stade d'évolution vers le visible ou le réel aboutit au monde physique de l'humanité, symbolisé par les *huit trigrammes* emblématiques ou *ba gua*.

Genèse du monde selon la cosmogonie chinoise

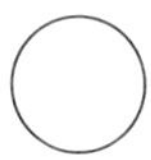				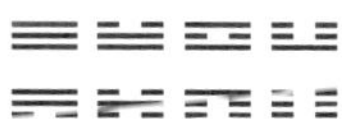
Yi	*Tai Ji*	*Liang Yi*	*Si Xiang*	*Ba Gua*
Vacuité originelle	Un primordial	Deux polarités	Quatre images	Huit trigrammes
0	1	2	4	8

PRÉSENTATION DES HUIT TRIGRAMMES

Vouloir dresser un catalogue exhaustif de toutes les représentations potentiellement corrélées aux huit trigrammes est impossible. Un survol permettra au lecteur de pressentir la profondeur infinie du champ d'application de ces principes.

☰

Le trigramme **Ciel**, constitué de trois traits *yang*, symbolise le Père ou un homme âgé, mais également toute personne d'autorité (y compris de sexe féminin), quelqu'un ou quelque chose qui domine. Les dirigeants, les célébrités, les leaders lui sont associés. Le métal, de nature dure, est son élément. Des qualificatifs aussi divers que « brave », « fort », « rapide », « puissant », « vital », « actif », « créatif » le caractérisent. Dans le monde animal, un cheval, un lion ou tout animal imposant peuvent le représenter. Au niveau corporel, Ciel correspond à la tête, aux poumons, aux os. Les chiffres 1 et 6 lui sont liés. Certaines matières (l'or, la glace), certaines formes (ce qui est rond), certaines couleurs (le blanc, le rouge vif), certaines données temporelles (la fin de l'automne, le début de l'hiver, les tranches horaires de 19 heures à 23 heures, un temps climatique clair, froid ou sombre) et certains espaces ou lieux (une capitale, un grand pays, un édifice public ou encore un bâtiment imposant) sont également associés à ce trigramme.

☷

Le trigramme **Terre**, formé de trois traits *yin*, est apparenté à la Mère, l'épouse, une femme adulte ou une femme mûre ou encore populaire. Synonyme de « nourriture », « accueil », « protection », la Terre donne forme, elle enfante et mène à terme. De nature douce et patiente, elle semble réceptive, dévouée, endurante, docile, équanime et multiple. Ces qualités sont figurées par le vide central entre les traits, symbole de la capacité à recevoir (et à donner) ; la multitude est représentée par le nombre de petits traits. Sa forme est carrée, sa matière – le tissu – recouvre et protège. La jument est un des animaux qui la représente. Le ventre, la rate, l'estomac et la chair lui correspondent. La Terre évoque la campagne, un village, un foyer, une maison ou encore un lieu ombragé.

☱

Dans la famille des huit trigrammes, **Lac** – deux traits *yang* sous un *yin* – est la fille cadette et représente une jeune fille ou bien une concubine. Le dynamisme des deux traits *yang* en dessous cherche à s'extérioriser vers le haut. Lac symbolise la réjouissance et l'enthousiasme ; les qualificatifs « heureux », « rieur », « bavard », « élégant » le caractérisent. Les parties du corps sont la bouche, la langue, la salive et, par association, tout ce qui transite par la bouche (l'enseignement oral, le discours, la parole en général).

☲

Le trigramme **Feu** – un trait *yin* au milieu de deux traits *yang* – est lié au soleil, à la chaleur, à la sécheresse, à la lumière, à la clarté et, par extension, à la lucidité, la compassion, la cohérence. Les deux traits *yang* de part et d'autre sont comme les paupières inférieure et supérieure autour de l'œil. Les yeux, le cœur et le thorax, les animaux à la fourrure ou au plumage flamboyant relèvent de ce trigramme.

☳

Le trigramme **Tonnerre** – un trait *yang* surmonté de deux *yin* – est placé sous le signe de l'agitation, voire de la commotion. Il ébranle, secoue, stimule. Le trait *yang* du bas contient une énergie prête à jaillir en force. Tonnerre est le trigramme du mouvement, de la mise en route (les pieds qui nous servent à marcher et le foie, organe du renouveau de l'énergie printanière, lui sont corrélés). Comme son nom le suggère, Tonnerre est à la fois bruyant, nerveux, excité, coléreux, inquiet et victorieux.

☴

Le trigramme **Vent** – un trait *yin* chevauché par deux *yang* – souffle sans frein pour disperser, pénétrer et s'infiltrer. Le trait *yin* du bas représente le courant d'air qui s'introduit pour se faufiler insidieusement. Brise ou bourrasque, Vent s'immisce partout et peut être tour à tour indécis, obéissant, agité, souple, hésitant.

☵

Le trigramme **Eau** – un trait *yang* entre deux *yin* – est associé aux liquides, à la circulation sanguine, aux pleurs, aux sources, aux étangs, aux poissons ou autres animaux aquatiques, à tout endroit en lien avec l'eau (un restaurant ou un bar, un bateau ou une barque). Le trait *yang* du milieu figure un cours d'eau qui s'écoule entre des bords ou des traits *yin*. Eau est synonyme d'intelligence, de sagesse, de courage, de flexibilité, mais également de tristesse et de peur.

☶

Le trigramme **Montagne** – un trait *yang* au-dessus de deux *yin* – est immobile. Il sédentarise. Il arrête, freine, stabilise. Le trait *yang* supérieur recouvre la Terre, représentée en contraction sous la forme d'un bigramme de deux traits *yin*. L'enracinement de Montagne reflète un être aussi bien ancré dans son corps que dans son esprit. Rudesse, lenteur, calme, solidité et indépendance sont ses caractéristiques.

En superposant l'un sur l'autre tous les trigrammes, tantôt à la place supérieure, tantôt à la place inférieure, on obtient une nouvelle figure, de six traits, nommée **hexagramme**. *Le Livre du Yi Jing* se déroule en 64 hexagrammes (8 trigrammes × 8 trigrammes), numérotés et agrémentés de textes, correspondant chacun à une situation donnée.

Les deux premiers hexagrammes qui ouvrent le *Yi* – Impulsion originelle et Matrice originelle – sont constitués d'un redoublement du même trigramme. Ciel sur Ciel pour l'hexagramme 1, Terre sur Terre pour l'hexagramme 2, et sont considérés comme les parents des 60 autres hexagrammes suivants. Les enfants sont l'expression de toutes les situations possibles. Les deux derniers – Accomplissement réalisé pour le 63 et Sur la voie de l'Accomplissement pour le 64 – symbolisent la fin, et annoncent déjà un retour au renouveau.

CONSULTATION, MODE D'EMPLOI

L'hésitation face à un choix de vie, une action à mener ou un comportement à observer conduit à consulter le *Yi*. Interroger le *Yi Jing* nécessite une préparation de soi. Il convient d'avoir l'esprit libre de toute perturbation, le corps détendu, dans un endroit tranquille, tout ceci requiert un temps suffisamment long pour affiner la question. La formulation : « Que penser de... ? » laisse le champ ouvert au possible.

Écrire la question et noter la réponse permettent d'y revenir plus tard pour en vérifier la validité.

Parmi les diverses méthodes de tirage, la plus rapide pour construire un hexagramme est celle qui utilise trois pièces de monnaie identiques (pièces de 1 euro par exemple).

Par convention, on attribue la valeur numérique **3** (*yang*) au côté pile de la pièce et la valeur **2** (*yin*) au côté face.

Après s'être concentré sur la question, on secoue les pièces dans les mains réunies en conque et on les laisse tomber sur une surface plane. On additionne les trois chiffres correspondant aux côtés visibles des pièces. On note le résultat, qui correspond au premier trait de l'hexagramme, soit celui du bas, car un hexagramme s'élabore **de bas en haut**. Lors de la construction de l'hexagramme, on signalera la mutation éventuelle des traits par un petit triangle à côté du trait concerné. La mutation est révélée par le résultat de l'addition des trois chiffres : seule une somme équivalente à 6 ou 9 correspond à un trait mutant.

On réitère cinq autres fois l'opération de manière à déterminer tous les traits.

On transforme les sommes obtenues selon ce qui suit :
Si les trois pièces tombent côté face : 2 + 2 + 2 = **6**, la somme correspond à un trait *yin* mutant : — — △

- 2 faces et 1 pile : 2 + 2 + 3 = **7**, la somme équivaut à un trait *yang* naissant : ———
- 1 face et 2 piles : 2 + 3 + 3 = **8**, la somme égale un trait *yin* naissant : — —
- 3 piles : 3 + 3 + 3 = **9**, la somme donne un trait *yang* mutant : ——— △

Les traits sont numérotés de 1 à 6, de bas en haut, en fonction de l'élaboration de l'hexagramme.

L'obtention d'un ou de plusieurs **traits mutants** (△) souligne l'importance du passage concerné. Il est analysé dans le texte et comporte un numéro correspondant à la place du trait. **Le contenu du trait mutant prédomine alors sur celui de l'abrégé**, situé en tête de l'hexagramme obtenu. Plusieurs traits mutants signalent trop d'émotion. ***A contrario*, une réponse sans aucun trait mutant est dite « brute »**, la réponse est plus tranchée et doit se lire dans le titre de l'hexagramme et son essence, dans l'abrégé.

Afin de déterminer l'hexagramme résultant du tirage, il convient d'identifier ses deux trigrammes constitutifs, puis de se reporter au tableau de correspondances ci-dessous.

Le trigramme supérieur, composé des trois traits du haut, est repéré sur la ligne horizontale du tableau ; le trigramme inférieur, les trois traits du bas, sur la ligne verticale. À l'intersection apparaît le numéro de l'hexagramme tiré.

Haut / Bas	☰	☴	☲	☱	☷	☳	☵	☶
☰	1	9	14	43	11	34	5	26
☴	44	57	50	28	46	32	48	18
☲	13	37	30	49	36	55	63	22
☱	10	61	38	58	19	54	60	41
☷	12	20	35	45	2	16	8	23
☳	25	42	21	17	24	51	3	27
☵	6	59	64	47	7	40	29	4
☶	33	53	56	31	15	62	39	52

Exemple : « Vais-je trouver un éditeur pour ce livre ? »

2 + 2 + 3 = **7** → 6ᵉ trait ———
2 + 2 + 2 = **6** → 5ᵉ trait — — △ 〉 trigramme *Gen*, Montagne
2 + 3 + 3 = **8** → 4ᵉ trait — —

3 + 3 + 3 = **9** → 3e trait ——— △
3 + 3 + 2 = **8** → 2e trait — — trigramme *Li*, Feu
3 + 2 + 2 = **7** → 1er trait ———

Réponse : **Hexagramme 22, Élégance**

Dans le cas présenté, les deux premiers termes de l'hexagramme – Élégance, *prospérité* – suffisent à la compréhension. Il y a parfaite harmonie entre le fond et la forme.

Les traits mutants sont les 3e et 5e. Le texte corrélé ici (traits **3** et **5**, p. 104) énonce « **3.** Soigner, s'imprégner, longue persévérance, fortune… **5.** Soigner le jardin, fortune ». L'être semble privilégié sur le paraître, car il est juste et adéquat. Le *jardin* représente l'intériorité et la répétition de *fortune* insiste sur un présage favorable.

La place du ou des traits mutants indique également à quel stade de la situation on se trouve. Les six traits ou six étapes reflètent une évolution graduelle. Leur dynamique est semblable dans presque tous les hexagrammes : les traits 1 et 6 sont excessifs, les traits 2 et 5 sont les meilleures places du fait de leur position centrale au milieu de l'hexagramme, les traits 3 et 4 sont plus délicats car transitoires.

- Le trait 1 correspond à un commencement, un tâtonnement, soit l'alpha ; le conseil souvent donné consiste à demeurer prudent et à ne pas se lancer tête baissée.

- Les traits 2 et 5 sont des emplacements plus profitables car ils sont situés au centre des trigrammes. Le 2 manque encore un peu d'expérience par rapport au 5, qualifié de place princière, la meilleure d'entre toutes.

- Les traits 3 et 4 sont des passages souvent inconfortables.

- Le trait 6 clôt l'hexagramme, il est l'oméga de la situation, qui est déjà en train de basculer.

Cette hiérarchie des traits est donnée à titre indicatif, car elle est relative à chaque cas.

RAPPELS OU PETITS CONSEILS POUR UN BON USAGE DU *YI*...

Il doit être employé avec modération, sans précipitation et avec un peu de sagesse. Un esprit trop agité risque de produire un résultat confus ou difficile à interpréter. Il vaut mieux reporter l'interrogation afin d'éclaircir la formulation de sa question.
Il s'agit de prendre son temps, de noter la réponse dans un cahier exclusivement réservé à cet effet et de laisser infuser jusqu'à ce qu'elle résonne en soi. Un environnement tranquille, un esprit détendu, une attention flottante qui permettra de donner libre cours aux associations d'idées, sont des atouts indispensables pour une juste compréhension. Sans oublier de faire appel à son intuition et d'accepter l'oracle dans un état de réceptivité, d'accueil et d'ouverture, car se focaliser sur l'ensemble des termes de la réponse peut se révéler parfois infructueux, il arrive qu'un simple mot suffise. Quand on interroge le *Yi*, on peut se contenter du titre évocateur de l'hexagramme pour entendre le message du Dao. Il n'est pas rare que la compréhension émerge *a posteriori*. Le texte s'apprivoise progressivement, par imprégnation, au fil des consultations et de l'expérience.

N'oubliez pas le principe d'impermanence inhérent à cette philosophie. Une réponse obtenue à un temps T n'est pas nécessairement immuable puisque le *Yi* est le *Livre des Transformations*.

PARTIE 2

LES 64 HEXAGRAMMES

Chacun des 64 hexagrammes présentés dans cette partie est structuré de la manière suivante :

- numéro de l'hexagramme et son nom chinois ;
- traduction du nom ou titre ;
- composition en deux trigrammes ou figure de l'hexagramme.

Tout de suite après vient l'explication des trigrammes constitutifs de l'hexagramme et de leur sens énergétique, accompagnée de la synthèse de la signification de l'hexagramme dans sa globalité.

L'**abrégé** est le résultat essentiel de l'oracle. Cette formule condense la dynamique de l'ensemble de l'hexagramme ; elle est à lire systématiquement, quel que soit le cas de figure. L'abrégé est l'unique réponse si l'hexagramme est brut, c'est-à-dire sans aucun trait mutant.

Les **traits** détaillent et approfondissent le texte selon le degré auquel on se situe dans l'hexagramme. Pour le savoir, il suffit de se reporter au(x) numéro(s) du ou des trait(s) mutant(s).

Le trait mutant indique avec force ce qui est en cours d'évolution. Il donne l'indication du niveau auquel se trouve le consultant et propose des conseils quant à la conduite à tenir, les points à améliorer dans son comportement.

Si tous les traits sont « atteints » de mutation, tous les étages de l'hexagramme sont ébranlés. L'emprise émotionnelle est trop violente et perturbe l'être.

En fin de chaque hexagramme, une **situation vécue** est présentée, accompagnée de la question posée et de la réponse obtenue. Pour conserver l'anonymat des consultants, leur nom a été réduit à l'initiale de leur prénom. D'autres exemples sont des cas issus de mes tirages personnels. Ces témoignages peuvent être source d'inspiration pour affiner la compréhension et l'interprétation du résultat. Des renvois à d'autres hexagrammes permettent d'enrichir ou de croiser les exemples de tirage et d'interprétation.

HEXAGRAMME 1, *QIAN* IMPULSION ORIGINELLE

Constitué par le redoublement du trigramme Ciel, *Qian* ouvre le *Yi* par son incommensurable force motrice. Hexagramme premier et primordial, ses six traits *yang* déploient pleinement le potentiel des attributs *yang*. Vigueur et dynamisme, grandeur, fermeté et créativité, l'élan de *Qian* est l'étincelle qui inspire l'esprit d'initiative, ouvre le chemin et l'éclaire. Il s'agit d'aller de l'avant, sans exagération ni activisme forcené, tel le dragon qui traverse le texte des traits.

L'ABRÉGÉ

Impulsion originelle, origine, prospérité, faveur, persévérance.

Qian, Impulsion originelle, symbolise l'énergie yang à l'état pur. Cette énergie initiale est caractérisée par quatre qualités lumineuses (origine, prospérité, faveur, persévérance), indiquant de grandes potentialités.

LES TRAITS

1. *Dragon caché.*
Les conditions sont prématurées. Pour l'instant, l'heure n'est pas à l'action. Il convient de patienter en se préparant.

2. *Dragon apparent.*
Le dragon, emblème de la création, de la fécondité et de l'activité, émerge et devient visible. C'est un début favorable.

3. *Dragon vigilant.*
La prudence est de mise.

4. *Montée ou descente.*
Réussite ou échec sont possibles selon le contexte. En cas de chute, une nouvelle opportunité se présentera.

5. *Dragon volant.*
Le présage est excellent. C'est l'apogée.

6. *Dragon orgueilleux.*
Après le point culminant, le déclin est inévitable.

EN PRATIQUE

UN VOYAGE AU NÉPAL

Depuis quelques années, je suis assidûment les enseignements d'un lama tibétain, Sh. D. R., sur la nature de l'esprit. Au cours d'une retraite spirituelle, Sh. D. R. nous propose d'aller à la rencontre de son vieux maître âgé de 95 ans et qui vit au Népal. Nous avons rendez-vous à Katmandou ; il ne s'agit pas d'un voyage organisé. Spontanément, je souhaite participer à l'aventure.

Enthousiasmée par la perspective, j'interroge le *Yi* et obtiens l'hexagramme 1, avec la totalité des traits mutants. C'est la première fois que toute l'ossature de l'hexagramme est en mutation. Les différents niveaux ou étages de la situation sont atteints. J'entends que je dois m'organiser (traits 1 et 2), rester vigilante (trait 3), qu'en cas d'annulation une autre occasion se présentera (trait 4) et que le séjour sera sans pareil (trait 5). Le dernier trait, moins favorable, évoque le retour.

Ce voyage hautement spirituel fut le plus surprenant et le plus marquant de ma vie.

䷁

HEXAGRAMME 2, *KUN* MATRICE ORIGINELLE

Six traits *yin*, deux fois le trigramme Terre, constituent la charpente de *Kun*. C'est la quintessence du *yin*, inséparable de *Qian*, Impulsion originelle, avec lequel Matrice originelle forme le « couple initial ». Disponibilité, patience et adaptation en toutes circonstances, endurance, souplesse et fécondité : les qualités *yin* dans leur splendeur fécondante ralentissent l'élan ou l'appel du *yang* afin de le conduire à la concrétisation. La Terre matérialise, enfante, met en forme, manifeste, concrétise ce qui est en cours.

L'ABRÉGÉ

Matrice originelle, origine, prospérité, faveur, persévérance d'une jument. Le Sage doit entreprendre quelque chose. En avant, il s'égare ; en arrière, il obtient la direction. Il est favorable de trouver des amis à l'ouest et au sud, et tout aussi favorable de les perdre à l'est et au nord. Une persévérance sereine s'avère faste.

Kun, Matrice originelle, symbolise l'énergie *yin* à l'état pur. Les mêmes qualités primordiales que son prédécesseur – l'hexagramme 1 – sont présentes. Le *yin* donne sa matière au *yang*, mais conserve un « second rôle » et reste dans l'ombre. Les « amis » dont il est question sont des appuis, de type *yang*.

LES TRAITS

1. *Givre devient glace.*
Afin que le givre (*yin*) ne se transmute en glace (*yang*), il s'agit de rester attentif et vigilant, et d'éviter tout éclat.

2. *Rectitude et grandeur.*
Sans effort particulier, le présage indique de très bons résultats.

3. *Garder en soi.*
Discrétion et silence sont requis pour aboutir.

4. *Sac ficelé.*
L'expression signifie « fermer sa bouche ». Cette attitude préservera d'éventuelles nuisances.

5. *Jupe jaune.*
Le jaune est la couleur de la Terre, l'élément central autour duquel se déploie l'équilibre. La jupe est un vêtement *yin* car il se porte en bas. C'est l'augure d'une belle perspective.

6. *Combat des dragons.*
Une rencontre tumultueuse et/ou amoureuse semble poindre ou bien un conflit.

EN PRATIQUE

UN AMI D'ENFANCE

D. vit en couple dans le XXe arrondissement de Paris. Récemment, *par le plus grand des hasards*, elle a retrouvé P., le fils du voisin de ses parents. Depuis la maternelle et jusqu'au collège, très bons amis, ils partageaient le chemin de l'école et bien d'autres choses encore. Intriguée par cette coïncidence, D. souhaite en découvrir la signification.

Le *yin* de l'abrégé représente la jeune femme ; le *yang* symbolise P., qu'elle a reconnu sans la moindre hésitation, lors d'une promenade dans le parc André-Citroën (*Il est favorable de trouver des amis à l'ouest et au sud*). La proposition suivante – *et tout aussi favorable de les perdre à l'est et au nord* – inquiète D. Pourtant, la réponse est claire. Les traits mutants confirment l'ambivalence de la situation : une relation cachée (trait 3) et amoureuse avec P., conflictuelle avec le compagnon actuel (trait 6).

䷂

HEXAGRAMME 3, *ZHUN* GERMINATION

Germination résulte de l'union du *yin* et du *yang* des deux premiers hexagrammes. Il est le premier enfant d'Impulsion originelle et de Matrice originelle. La force du trigramme inférieur Tonnerre est freinée par le trigramme supérieur Eau. L'hexagramme 3 décrit les balbutiements inhérents à tout commencement. L'enfant aîné est comme un germe semé qui peine à percer la terre. Germination connaît des débuts difficiles et exige organisation, discipline pour se renforcer et déployer à terme ses qualités.

L'ABRÉGÉ

Germination, origine, prospérité, faveur, persévérance. Ne rien entreprendre, il est favorable d'établir un État bien administré.

Fils des deux premiers hexagrammes, du *yin* et du *yang*, de la Terre et du Ciel, *Zhun*, Germination hérite des qualités parentales. Cependant, en raison de la délicatesse d'une jeune pousse, ces attributs n'autorisent pas une attitude légère. Réflexion et organisation sont exigées.

LES TRAITS

1. *Impossible d'avancer. S'organiser humblement.*
Empêchements et obstacles inhérents à tout commencement sont bien présents. Cette stagnation n'est pas inutile.

2. *Cheval qui piétine, retour à la norme dix ans après.*
C'est ce qu'on appelle « tourner en rond ». L'aspect temporel n'est que symbolique, il indique le temps d'un cycle.

3. *Chasser le cerf et s'égarer.*
Poursuivre sur cette voie mène à une impasse.

4. *En quête d'une alliance.*
Une aide est nécessaire pour s'extirper de la situation. Ce soutien s'avérera favorable.

5. *Potentiel à déployer.*
La richesse est en germe, mais retenue comme une pluie qui ne parvient pas à se déverser.

6. *Larmes de sang.*
La difficulté est à son paroxysme, mais va inéluctablement se transformer.

EN PRATIQUE

UNE SITUATION BLOQUÉE

Depuis presque vingt ans, j'exerce le métier d'institutrice, quand je découvre simultanément, en 1995, le qi gong de la sagesse et le *Yi Jing*. Après une décennie intense de pratique et de formation, les encouragements de mon professeur me laissent entrevoir une possible reconversion pour enseigner ces disciplines. Néanmoins, je me sens prisonnière d'un système sans fin. J'ai acheté mon appartement et pour rembourser mes crédits, j'ai besoin de mon salaire de fonctionnaire. Je n'entrevois pas de solution, doutes et incertitudes me taraudent. Quitter la sécurité financière de l'Éducation nationale pour me lancer sur une voie hasardeuse me fait peur.

L'abrégé pointe les aptitudes présentes – *origine, prospérité, faveur, persévérance* – mais conseille de « ne rien entreprendre, il est favorable d'établir un État bien administré ». Germination décrit les balbutiements de tout commencement. Le chemin est souvent long et difficile, mais promet un avenir brillant à celui qui le parcourt sans se décourager. La vitalité qui nourrit mon élan, le désir impatient de me reconvertir sont retenus (trait 5). Plonger tête baissée et sans filet serait une grave erreur. Je dois définir une stratégie et calmer mon ardeur. La philosophie chinoise ne prône-t-elle pas la Voie du milieu et le non-agir ? Ma volonté est trop ferme et n'aboutirait qu'à un désastre. Pour dissiper le chaos, je choisis de m'accorder une séance de qi gong. La pratique me calme instantanément. L'esprit plus posé m'éclaire, je sais que prudence et avancées progressives seront mes balises.

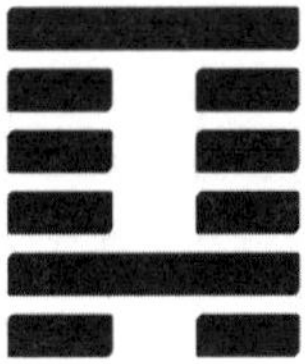

HEXAGRAMME 4, *MENG* INITIATION

Le trigramme Montagne en haut tempère et canalise l'Eau invasive, située en bas. La jeunesse, avec son intrépidité et son immaturité, est présente à tous les étages. *Meng*, le nom de l'hexagramme, signifie à la fois l'ignorance naïve des enfants et la connaissance. L'hexagramme 4 traite de l'apprentissage, des maîtres (les traits *yang*) et des élèves (les traits *yin*), de leur rapport, de la pédagogie.

L'ABRÉGÉ

Initiation, prospérité, ce n'est pas moi qui recherche l'enfant ignorant, c'est lui qui me cherche. Au premier oracle, j'informe. Au deuxième et au troisième, c'est de l'importunité, alors je ne réponds plus. Il est favorable d'être persévérant.

L'élève ou le consultant part à la rencontre du maître ou du *Yi Jing*. L'enseignement ou la réponse de l'oracle ne sont pas entendus et l'insistance est de mauvais aloi. Néanmoins, la porte reste ouverte…

LES TRAITS

1. *Initiation de l'ignorant, se servir de modèles.*
Il est nécessaire d'avoir recours à des personnes exemplaires, car le niveau auquel le consultant se trouve est celui d'un jeune enfant immature.

2. *Initiation de tous les ignorants.*
Le « professeur » accueille tous les élèves, sans distinction aucune.

3. *Pas d'alliance pour cette femme.*
Ce trait *yin* représente la femme. Tout acte d'alliance est voué à l'échec.

4. *Initiation difficile.*
C'est la situation la plus difficile de tout l'hexagramme. Il s'agit d'un élève empêtré dans une grande difficulté

5. *Avenir prometteur.*
Le présage est bon et la perspective encourageante.

6. *Initiation sévère.*
Il faut faire preuve de sévérité.

EN PRATIQUE

LA LEÇON DU *YI*

Dans la continuité du cas précédent, quelque temps plus tard, je suis à nouveau assaillie par mon questionnement. L'apaisement n'a été que de courte durée. Mes innombrables et incessantes constructions mentales reprennent le dessus. Ce foisonnement de combinaisons incertaines me perturbe et j'interroge le *Yi* pour la énième fois. Le *Livre* me donnera-t-il enfin le feu vert pour enseigner le qi gong ?

Sans trait mutant, la lecture de l'abrégé me laisse médusée. L'hexagramme 4 – dont le titre pourrait suggérer que je vais initier des élèves au qi gong – est unique. Il comporte l'injonction péremptoire : *Au premier oracle, j'informe. Au deuxième et au troisième, c'est de l'importunité, alors je ne réponds plus.* Autrement dit, le *Yi* est formel : ne plus interroger sur un même sujet, il est vain de chercher à sonder l'insondable. Insister semble irrespectueux. En Chine, un véritable maître ne se répète jamais plus de deux fois. Si le disciple n'entend pas ses paroles, c'est qu'il manque d'attention ou bien qu'il n'est pas prêt à comprendre. Répéter s'assimile à une perte de temps et d'énergie dont les paroles ressemblent à un bourdonnement de mouches aux oreilles de l'élève.

Estomaquée, j'accepte la non-réponse et me contente de la phrase suivante : *Il est favorable d'être persévérant.* La bienveillance de cette formule me console, la porte demeure entrouverte…

HEXAGRAMME 5, *XU* ATTENTE

Le trigramme supérieur Eau symbolise l'élément accumulé dans les nuages, représentés par le trigramme inférieur Ciel. L'Eau attend patiemment le moment opportun pour se déverser en pluie bénéfique. *Xu*, c'est l'art d'attendre de meilleures conditions, comme attendre la fin de la crue pour traverser un fleuve. Le temps imposé n'est pas perdu. Tout vient à point. Il s'agit de se détendre et de se préparer.

L'ABRÉGÉ

Attendre, avoir confiance. Lumière, prospérité, la persévérance est faste. Il est avantageux de traverser les grandes eaux.

Attente demande de s'armer de patience sans toutefois désespérer. Autrement dit, endurer sans se précipiter afin de traverser cette période avec succès. L'hexagramme concerne les œuvres de longue haleine, qui s'établissent lentement mais s'enracinent profondément.

LES TRAITS

1. *Attente en banlieue, demeurer.*
En périphérie d'une situation, l'attente et l'absence d'action permettent d'éviter des difficultés.

2. *Attente sur le sable, favorable.*
Après l'immobilité, les conditions sont néanmoins instables. Petites disputes, broutilles, voire bavardages sont possibles mais sans conséquence.

3. *Attente dans la boue suscite l'arrivée de bandits.*
La vigilance est de mise. Faire preuve de prudence évitera la malchance.

4. *Attente dans l'eau et écouter.*
On reste serein et l'on écoute certains conseils.

5. *Attente dans la nourriture et le vin.*
L'attente devient confortable et conviviale.

6. *Retour à la caverne, trois hôtes, pertes minimes.*
L'attente est terminée. Des hôtes arrivent par surprise, il convient de savoir les accueillir.

EN PRATIQUE

UN DÉMÉNAGEMENT RETARDÉ

C. travaille auprès d'enfants sourds-muets en région parisienne. Elle s'investit totalement dans son activité, mais s'épuise lentement au fil des années. Elle éprouve le besoin de changer, de rompre avec la routine. Sans contact régulier avec sa famille installée dans le sud-est de la France, C. souhaiterait quitter son emploi et la région parisienne pour s'en rapprocher. Elle veut être sûre de faire le bon choix.

L'abrégé semble paradoxal. Il stipule de patienter (*Attendre*) et pourtant l'encourage dans son projet par des termes indiscutablement positifs : *confiance... prospérité... persévérance... faste... avantageux*. Le trait mutant 1 va trancher l'oracle. *Attente en banlieue, demeurer.* Je la sens désorientée et lui suggère de procéder par étapes en commençant à chercher un emploi dans le Sud-Est avant de quitter son logement actuel.

Plus tard, C. livrera son témoignage : « Actuellement, après avoir quitté la région parisienne et démissionné, j'ai retrouvé un emploi dans une région pleine d'énergie, le Vercors. J'ai beaucoup apprécié la façon dont se sert Carmen pour interroger le *Yi Jing*, en sondant l'Énergie originelle, avec une écoute compatissante de très grande qualité. Depuis, je le consulte moi-même et me laisse guider pour entendre les réponses, toujours déchiffrables. Merci Carmen, ta sollicitude m'a énormément touchée, et continue de me toucher au fil du temps et malgré la distance. »

HEXAGRAMME 6, *SONG* PRÉVENTION

La position des trigrammes constitutifs de Prévention n'est pas des plus favorables. L'Eau, en bas, conformément à sa nature intrinsèque s'écoule, tandis que le Ciel en haut, léger, s'élève. Les deux trigrammes s'éloignent l'un de l'autre au lieu d'échanger. La communication rompue est celle d'un conflit qui pointe et qu'il s'agit de résoudre. D'où l'importance de la parole, du ton juste, des mots appropriés : seule stratégie préconisée pour prévenir un envenimement et clarifier une situation épineuse.

L'ABRÉGÉ

Prévention, face à l'obstruction, garder la confiance en restant vigilant. Faste au centre, néfaste à la fin. Il est favorable de s'en remettre au Grand Homme, mais non favorable de traverser les grandes eaux.

Face à un risque bien réel, un comportement prudent est recommandé. Le Grand Homme peut représenter un juge intègre. Dans cette situation conflictuelle, il convient de demeurer attentif et vigilant.

LES TRAITS

1. *Ne pas éterniser les broutilles.*
Aplanir la (ou les) mésentente(s) limite les conséquences.

2. *Renoncer et rentrer chez soi.*
Une vision claire du déséquilibre des forces en présence induit le retrait.

3. *Se contenter.*
Ne pas chercher querelle et se satisfaire de ce que l'on a.

4. *Sans procès, attitude paisible.*
Renoncer à l'opposition, à la confrontation procure tranquillité d'esprit. Cette attitude est correcte et favorable.

5. *Faste.*
Bon présage. L'affaire se déroulera de manière bénéfique.

6. *Ceinture gagnée et perdue.*
Qui gagne, perd… La victoire remportée est de courte durée car la procédure n'est pas un bon moyen.

EN PRATIQUE

UN CONFLIT, DES CONFLITS

I. est une amie proche, de type plutôt *yang*. De signe astrologique Bélier, elle a une très nette tendance à foncer, tête baissée, aussi bien dans ses actions que dans ses paroles. Son caractère accrocheur génère régulièrement des antagonismes et lui vaut bien des déboires. Elle s'obstine dans des controverses sans fin, parfois jusqu'à l'enfermement. Elle affronte à nouveau ce type de situation quand elle vient me demander une consultation.

Les termes de l'abrégé évoquent une *obstruction* et conseillent de *s'en remettre au Grand Homme*. L'expression désigne soit un intermédiaire (moi-même), soit le *Yi*, ou encore une partie profonde d'elle-même. Le trait 1 annonce que le désaccord n'est pas très important et qu'il s'agit de lisser les rugosités afin d'éviter d'envenimer le différend. Faire preuve de souplesse, se calmer, lâcher prise, car la discussion est vaine. Le trait 3 suggère que les broutilles sont devenues litige, en rapport avec une forme de pouvoir ou de volonté de pouvoir, de hiérarchie. À ce niveau, on cherche à s'imposer à tout prix. Le trait réitère le même conseil d'apaisement (*se contenter*). Le trait 4, écho du premier, insiste. Rechercher à rétablir l'entente est la seule issue possible.

La réponse ne lui sied pas, ses œillères lui interdisent d'envisager un autre point de vue. Je pressens qu'elle court à la catastrophe, ce qui me sera confirmé par la suite. Les scénarios répétitifs sont autant de messages que l'Univers envoie afin de modifier notre attitude. I. ne les capte pas ou ne veut pas les capter, comme une leçon mal apprise parce que mal entendue.

« Les crises, les bouleversements et la maladie ne surgissent pas par hasard. Ils nous servent d'indicateurs pour rectifier une trajectoire… Ceux qui n'apprennent rien des faits désagréables de leur vie, forcent la conscience cosmique à les reproduire autant de fois que nécessaire… Ce que tu nies, te soumet. Ce que tu acceptes te transforme », écrivait Carl Gustav Jung.

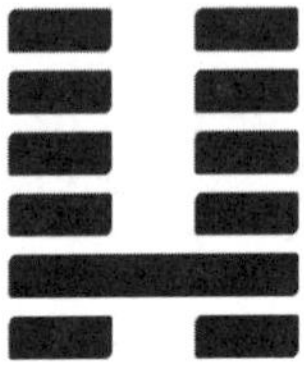

HEXAGRAMME 7, *SHI* ARMADA

Le trigramme inférieur Eau nourrit le trigramme supérieur Terre, synonyme de multitude. C'est la figure d'un attroupement militaire. Les soldats sont légion. Face à une menace ou à un moment exceptionnel, se mobiliser, s'organiser autour d'un être aguerri, instaurer une discipline stricte sont les recommandations de l'hexagramme 7, Armada.

L'ABRÉGÉ

Armada, persévérance, présage de fortune pour le Général, hors d'atteinte.

Shi, Armada, est l'hexagramme d'une action d'envergure, qui nécessite le recrutement de troupes sélectionnées et d'un personnage expérimenté, le Général.

LES TRAITS

1. *Discipline, entrée sur le champ de bataille.*
Qui s'engage dans la guerre doit suivre des lois et des règles strictes.

2. *Excellent Général.*
Un bon dirigeant est reconnu comme tel.

3. *Il se peut qu'Armada charrie des cadavres, infortune.*
Ici, le trait s'annonce difficile et pesant. Les *cadavres* symbolisent au mieux de coûteux revers, au pire un malheur. Rien de bon à envisager.

4. *Capitaine intelligent, retraite.*
On a conscience du danger et on s'abstient.

5. *Présence de gibier, négocier.*
Le gibier ici symbolise l'ennemi, il est nécessaire de parlementer.

6. *Fin de la guerre, rétribution.*
Le conflit prend fin. Chacun aura ce qu'il mérite.

EN PRATIQUE

UNE TRAGÉDIE

C. est à la fois l'une de mes élèves de qi gong, mais aussi une voisine et une amie. Elle s'investit sérieusement dans ce qu'elle entreprend et on peut lui faire confiance. Pendant ses congés d'été, C. organise et dirige des vacances pour personnes handicapées, à mobilité réduite. Par curiosité, elle se demande comment va se dérouler son prochain séjour, lourd de responsabilités. Nous sommes au mois de février, l'été est encore loin.

L'abrégé évoque un personnage discipliné et expérimenté sous la figure d'un général, homme d'autorité, ce qui correspond bien au profil de C., pour qui la connaît.

Hélas, le trait 3 qui apparaît mutant dans son tirage, laisse présager un éventuel malheur (*...cadavres, infortune*). C. angoissée me demande si quelqu'un va mourir. Ne pouvant répondre formellement à une telle question, je tente de la rasséréner car, le plus souvent, le *Yi* est à interpréter dans un sens métaphorique. J'associe le verbe « charrier » aux fauteuils roulants du public dont elle aura la charge. À son retour, C. m'annonce qu'un décès a eu effectivement lieu. La réponse du *Yi* avait été d'une clarté sans ménagement.

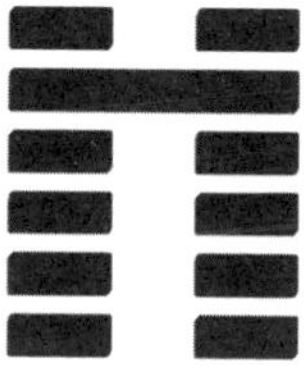

HEXAGRAMME 8, *BI* FÉDÉRATION

Le trigramme supérieur Eau se déverse dans le trigramme inférieur Terre et le nourrit. La figure est composée majoritairement de traits *yin* qui se rassemblent et s'organisent. Le rapprochement entre les hommes concernés est authentique. La démarche est validée par l'alliance autour d'un projet, d'une idée et d'un personnage central, représenté par le trait 5.

L'ABRÉGÉ

Fédération, favorable, présage faste du début à la fin, hors d'atteinte. Venant d'un endroit non paisible, pour celui qui se situe derrière, le présage est néfaste.

La réponse est favorable, mais n'est pas dénuée de toute incertitude...

LES TRAITS

1. *Confiance ainsi qu'un autre présage heureux.*
Une association commence et la suite sera heureuse.

2. *Fédération de l'intérieur.*
Posséder en soi les qualités requises, la vertu constante ne peut engendrer qu'une pleine adhésion.

3. *Compagnons indignes.*
Ces partenaires ne conviennent pas.

4. *Fédération de l'extérieur avec un homme sage.*
Dans cette situation, les conditions favorables sont réunies et on se rapproche d'un homme bon et vertueux.

5. *Fédération manifestée, le Roi organise une battue.*
Excellence de l'esprit d'alliance, dirigée par un homme sage et magnanime.

6. *Fédération sans tête, pas de finalisation.*
Une alliance sans dirigeant conduit à une situation néfaste.

EN PRATIQUE

LE TRANSFERT DU TAO DE LA TERRE

Ayant retenu les leçons du *Yi*, je continue de l'interroger sur mon avenir professionnel, mais avec une certaine parcimonie. En 2006, la voie se dégage (voir « hexagramme 50. La création du Tao de la Terre »), je crée mon association que je déclare sous le nom « Le Tao de la Terre ». En 2008, j'envisage le transfert du siège de Paris à Pantin.

L'abrégé est favorable mais laisse planer un doute. Le trait 1 mentionne *confiance*, qualité qui me faisait alors défaut. La suite du texte – *un autre présage heureux* – m'intrigue. Tout juste installée dans la commune, je me présente à la mairie avec les statuts du « Tao de la Terre ». Le service concerné me propose d'emblée une mise à disposition de locaux, à titre précaire, afin que je puisse exercer deux fois par semaine. Dès l'année suivante, le même service double mes créneaux. À l'occasion de diverses réunions, je fais connaissance avec le tissu associatif de la ville et comprends que je suis la seule, jusqu'à aujourd'hui encore, à bénéficier de deux salles, quatre fois par semaine. Le calcul est simple : quatre fois deux = huit, comme *Bi* le bien nommé !

HEXAGRAMME 9, *XIAO XU* PROSPÉRITÉ DU PETIT

Vent au-dessus du Ciel s'articule autour d'un seul trait *yin* pour cinq *yang*. Le trait *yin* est minoritaire mais essentiel puisqu'il permet le contact des deux polarités. Son rôle consiste à polir les aspérités, à tempérer l'impulsivité, à atténuer la rigidité du *yang*. L'hexagramme 9 est celui des petites choses, des petits moyens, des petits pas, il est la force du faible qui agit modestement.

L'ABRÉGÉ

Prospérité du Petit. Nuages épais sans pluie, venant de la banlieue ouest.

Le Petit désigne l'unique trait *yin* de l'hexagramme. La rencontre *yin/yang* est propice. Cependant, la pluie bénéfique ne se déverse pas.

LES TRAITS

1. *Retour spontané, faste.*
La mise en route est satisfaisante.

2. *Retour entraîné, faste.*
Une aide extérieure entraîne le mouvement.

3. *Les essieux se détachent, l'homme et la femme détournent leur regard, incapables de maintenir la maisonnée.*
La situation devient sensible et l'allure problématique. *Les essieux*, pièce maîtresse de la direction, lâchent.

4. *Confiance, les craintes s'éloignent.*
La confiance apaise les inquiétudes et les craintes.

5. *Confiance, s'enrichir entre voisins.*
Une bonne entente et un objectif similaire conduisent à un enrichissement commun.

6. *Pluie et repos, danger.*
La pluie se déverse enfin, mais du fait de l'impermanence de toute chose, le *Yi* nous prévient du renversement à prévoir.

EN PRATIQUE

UN DIVORCE EN VUE

S. vient me consulter sur recommandation. Elle souffre dans sa vie conjugale. Sous prétexte de veiller sur elle, son époux a conservé un lien très étroit, trop étroit, avec sa première femme alcoolique… Il lui rend visite chaque week-end, ses absences répétées sont une échappatoire et un argument pour ne pas participer au partage des tâches quotidiennes. La raison de S. lui intime de quitter son mari, mais son cœur flanche. Quelle direction prendre ?

Intérieurement, je m'offusque de cette polygamie à demi avouée. Je fais taire mon ressenti qui risque d'interférer dans la situation. En tant qu'intermédiaire, je me dois de demeurer neutre afin que le Dao résonne librement.
L'hexagramme 9 concerne la grandeur des petites choses, les détails auxquels on doit prêter attention pour les peaufiner. La réponse ne m'éclaire pas spontanément, contrairement à la lecture du trait mutant. Il s'agit du troisième. S. et son mari sont *incapables de maintenir la maisonnée* et ce qui fait le ciment de leur relation, *les essieux se détachent*. Pour être un peu plus heureuse ou moins malheureuse, S. doit divorcer. Je sens bien qu'elle n'envisage pas cette perspective. Libre à elle de suivre ou non les sages conseils du *Yi*. Dois-je l'avertir que dans tous les retours qui m'ont été transmis, quand le consultant s'obstine à ne pas entendre les recommandations, il finit par le regretter amèrement ? Des troubles de santé risquent d'apparaître car la personne n'est pas sur le bon chemin ; en s'égarant, elle ouvre ainsi la voie à la somatisation. Je cherche des mots apaisants pour lui transmettre l'information. Elle repart le cœur en peine. Je lui souhaite que le temps fasse son œuvre et qu'elle en intègre la réponse.

HEXAGRAMME 10, *LÜ* MARCHE

L'hexagramme Marche est constitué du trigramme supérieur Ciel, repris dans le texte sous l'aspect du tigre majestueux et puissant, et du trigramme inférieur Lac, associé à la jeune fille ou à tout personnage considéré comme faible ou humble. Théâtre de deux forces opposées, qu'il s'agit de manier avec doigté. *Lü* nous prévient qu'il faut rester attentif à nos pas, être respectueux ou courtois dans notre rapport à cette force sauvage et potentiellement risquée qui nous fait face.

L'ABRÉGÉ

Marcher sur la queue du tigre. Celui-ci ne mord pas l'homme, prospérité.

Marche ou démarche s'effectuent en toute courtoisie. En réglant son rythme sur les traces du félin, celui-ci restera inoffensif.

LES TRAITS

1. *Avancer simplement.*
Se contenter de sa position et adopter une démarche humble sont requis.

2. *Avancer sur du plat, faste.*
La route est sans obstacle.

3. *Un borgne, un boiteux, une morsure. Action du guerrier.*
On se rapproche trop de la tête du tigre. La vision est erronée ou voilée et la capacité motrice réduite. Même un guerrier courageux se fait mordre.

4. *Prudence, faste. Avec circonspection, la volonté se réalise.*
Se tenir sur ses gardes entraîne un dénouement heureux.

5. *Démarche résolue, grande prudence.*
Le risque encouru réside dans l'excès de la perfection. C'est un avertissement.

6. *Bilan du parcours, hautement faste.*
Arrivé à son terme, il faut prendre du recul pour évaluer le chemin parcouru. Le résultat est parfait.

EN PRATIQUE

L'HUMOUR DU *YI*

C'est le dernier soir de mon premier stage de qi gong avec mon professeur, une soirée est prévue pour clôturer la semaine qui vient de s'écouler. Je suis fascinée par cet homme d'un certain âge qui m'ouvre les portes d'une dimension invisible. Sans en avoir conscience, je suis en train de vivre un transfert, comme en psychanalyse. L'amour du père émerge à nouveau, se répète et se déploie sur un nouvel objet, parfois jusqu'à la fixation… Comment va se dérouler la soirée ? Telle est la question que je pose au *Yi*.

J'obtiens un hexagramme brut (sans aucun trait mutant) et ne comprendrai la réponse qu'en cours de soirée. Dans ce cas de figure, seule la première proposition de l'abrégé se concrétise. *Marcher sur la queue du tigre* : mon professeur m'invite à danser un slow et me marche sur les pieds ! Dois-je préciser qu'en astrologie chinoise, je suis du signe du Tigre ?

Ce tirage m'enseigne deux choses : d'une part, que le texte peut être pris littéralement au sens propre ; d'autre part que, dans certains cas, seule une partie du texte, parfois même uniquement le titre de l'hexagramme, suffit à comprendre. Il ne faut donc pas forcer l'interprétation en s'attachant à chacun des termes de l'hexagramme.

HEXAGRAMME 11, *TAI* HARMONIE

La Terre dense et lourde, constituant le trigramme supérieur, s'élève au-dessus du Ciel léger qui s'abaisse. Le rapport *yin/yang* est excellent et sa circulation énergétique exemplaire, car elle exprime l'union féconde du Ciel et de la Terre, visible dans la floraison printanière. C'est un moment idéal de prospérité, d'épanouissement, de fluidité. Une rare conjoncture parfaitement équilibrée.

L'ABRÉGÉ

Harmonie, le petit s'en va et le grand vient. Faste et prospère.

Le petit et le grand, le *yin* et le *yang*, vont et viennent. Cette fluctuation énergétique provoque une rencontre exceptionnelle.

LES TRAITS

1. *Arracher l'herbe et avancer, faste.*
Défricher, éclaircir le terrain dégage la voie à suivre dans laquelle on s'engage.

2. *Embrasser l'horizon, grande lumière.*
L'esprit vaste, ouvert et tolérant conduira à un accroissement de la conscience, à une lucidité accrue.

3. *Plaine et colline, aller et retour, immobilité.*
Une topographie variable, un mouvement continu symbolisent l'impermanence face à laquelle il convient de conserver sa droiture.

4. *Voleter, confiance et volonté.*
Une attitude légère est conseillée.

5. *Mariage, grandement faste.*
La situation est très favorable pour une alliance.

6. *Remparts qui s'effondrent.*
Le renversement de situation est incontournable.

EN PRATIQUE

UNE PROPOSITION INATTENDUE

Une décennie s'est écoulée depuis ma rencontre avec le *Yi*. Les diverses traductions sont devenues mes livres de chevet. De manière intuitive, aucune ne me satisfait pleinement au regard de ma pratique énergétique du qi gong. Je m'amuse à rebaptiser les titres des hexagrammes. Depuis le début et à plusieurs reprises, je demande à mon professeur de nous transmettre ses connaissances sur le sujet, les seuls mots que j'obtiens sont : « Plus tard, plus tard. » Je renonce et me mets à chercher par moi-même. Un soir, alors que le *Yi* est ouvert sur l'hexagramme 11, le téléphone sonne. C'est M. Zhou, qui semble décidé à me sonder : « Toi, toujours intéressée par *Yi Jing* ? » Il me propose d'écrire pour et avec lui, de traduire et commenter le texte.

Je referme le *Livre* et procède à un tirage. Encore une fois, l'hexagramme 11 se manifeste. Cette fois-ci, le résultat comporte le trait 2 mutant. Joie intense et gratitude envahissent mon cœur. Nos séances de travail hebdomadaires me font prendre conscience que le *Yi Jing* m'imprègne (voir « Yi Jing connexion ? » p. 251) et que mon petit jeu mis en place sur les titres des hexagrammes était une anticipation parfaitement justifiée : nous les reprendrons dans les publications qui aboutiront à deux ouvrages, après cinq années de labeur et de collaboration.

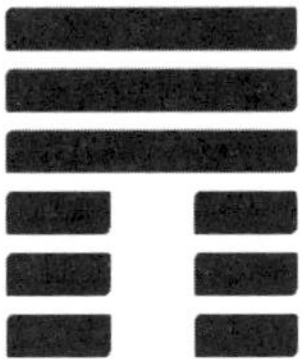

HEXAGRAMME 12, *PI* DYSHARMONIE

L'hexagramme 12 est le contraire du précédent. La position des trigrammes s'est inversée. Le trigramme supérieur Ciel, volatile, s'élève davantage et le trigramme inférieur, Terre, s'alourdit. Ils se séparent, leurs échanges sont momentanément rompus. Cette disjonction déclinante évoque l'automne, la saison où la nature se retire. Les circonstances sont défavorables et rien ne sert de combattre. Inutile pourtant de se désespérer, les beaux jours reviendront. Dans cette expectative, il convient de se retirer, de patienter.

L'ABRÉGÉ

Dysharmonie ne relève pas de l'humain, le présage est aussi néfaste pour le Sage. Le grand s'en va, le petit vient.

Le *yin* s'éloigne au profit du *yang* : c'est une période défavorable de stagnation, d'obstruction qu'il faut savoir accepter.

LES TRAITS

1. *Arracher l'herbe, faveur et prospérité.*
Pour s'extirper de cette situation, il faut nettoyer et ôter les mauvaises herbes.

2. *Embrasser, faste pour l'homme ordinaire, disharmonieux pour le Grand Homme.*
En cette période de troubles, l'homme ordinaire parvient à ses fins, le Sage se retient.

3. *Éprouver de la honte.*
L'attitude est inconvenante.

4. *Recevoir un mandat du Ciel.*
À ce premier trait favorable de l'hexagramme, il est question de mission, de proposition qu'on ne doit pas ignorer.

5. *Faire cesser la dysharmonie.*
Dysharmonie cesse naturellement d'elle-même ou bien la vertu non interventionniste a porté ses fruits.

6. *Dysharmonie se renverse, joie.*
Les difficultés se terminent, mais pour combien de temps ?

EN PRATIQUE

EXIT LE CHÔMAGE !

L. suit mes cours de qi gong depuis seulement un mois. Un soir, elle vient à ma rencontre pour m'apprendre qu'à son grand regret, elle ne pourra plus participer aux séances, malgré les bienfaits qu'elle en tire. La trop longue durée de son chômage pèse sur ses finances. Je l'encourage à persévérer : « Si tu continues le qi gong, tu retrouveras un emploi. J'ai eu plusieurs cas similaires. » Pour la convaincre, je lui propose un tirage, bénévolement.

A priori, l'hexagramme 12 n'est pas de très bon augure. Néanmoins, il déculpabilise la personne car *Dysharmonie ne relève pas de l'humain.* Ce sont les circonstances qui sont mauvaises. Le trait mutant de son tirage est le quatrième. *Recevoir un mandat du Ciel* signifie que, contre toute attente, une activité rémunérée lui sera proposée.

Au prix d'efforts considérables, L. a continué les cours de qi gong et, sans les qualifications requises, un poste stable lui a été attribué.

HEXAGRAMME 13, *TONG REN* ASSEMBLÉE DES HOMMES

Le trigramme inférieur Feu, sous le trigramme supérieur Ciel, suggère un foyer ou feu de camp rayonnant, autour duquel est rassemblée une communauté fraternelle d'êtres humains. S'entendre avec tous et être solidaire sont les mots d'ordre de l'hexagramme 13. Une majorité de traits *yang* affirme que la situation est dynamique ; l'unique trait *yin* invite à l'accueil des particularités de chacun.

L'ABRÉGÉ

Rassembler sans limites les hommes, prospérité ; il est favorable de traverser les grandes eaux, le présage est faste pour le Sage.

Par-delà leurs différences, les hommes sont tous semblables. Au nom de cette humanité, on peut surmonter toutes sortes de difficultés.

LES TRAITS

1. *Assemblée des hommes devant la porte.*
L'entente règne entre proches au sein d'une famille, entre voisins, sinon il vaut mieux franchir le seuil pour aller vers les autres.

2. *Assemblée des hommes autour du maître.*
L'union doit être vaste et non restreinte à un maître ou à soi-même.

3. *Hommes en armes cachés. Trois années sans donner l'assaut.*
Les relations ne sont plus cordiales. Les forces en présence sont inégales. Il s'agit de patienter durant une période suffisamment longue (les *Trois années* sont symboliques) avant d'intervenir.

4. *Chevaucher la tour sans attaquer, victoire.*
Prendre de la hauteur permet d'avoir une vision dégagée. S'abstenir d'agir garantit le succès.

5. *Assemblée des hommes : pleurs et lamentations, rires.*
Après la dissolution d'une opposition, les pleurs cèdent la place aux rires dans une véritable rencontre.

6. *Assemblée des hommes en banlieue.*

La banlieue, espace au-delà de la Cité, reste toutefois un cadre étroit en comparaison du *sans limites* de l'abrégé. Un stade est franchi, mais l'idéal n'est pas atteint.

EN PRATIQUE

UNE QUERELLE SANS FONDEMENT

J'accueille B. qui est en larmes. Son compagnon l'a quittée sans prévenir, n'emportant avec lui qu'une simple petite valise. Le couple est uni depuis plus de vingt ans. Les décès successifs de leurs parents, le départ récent de leur enfant pour des études à l'étranger ont ébranlé et fissuré leur relation. B. a traversé une période de dépression sévère et ne supporte plus les indélicatesses de son partenaire de vie.

Il aura suffi d'une parole malheureuse au cours d'un dîner ordinaire, pour que le lendemain, B. se retrouve seule dans son lit. Elle n'avait rien vu venir, selon ses propres dires.

L'hexagramme 13 est celui de la communauté, de la solidarité et de l'union fraternelle. Il évoque à B. le parcours de sa vie. Le trait mutant 5 lui garantit le retour de son compagnon et la renaissance de leur complicité. Pleine d'espoir, B. s'empresse de me demander : « Quand va-t-il rentrer ? »

Je l'ignore, je ne suis pas voyante. B. le comprend et semble prête à accepter l'attente. Le week-end suivant, elle m'appellera pour me communiquer sa joie retrouvée. Le *Yi* avait vu juste.

HEXAGRAMME 14, *DA YOU* RÉALISATION DU GRAND

Nous sommes en présence des mêmes trigrammes, mais inversés, que ceux de l'hexagramme précédent 13, Assemblée des hommes, avec lequel Réalisation du Grand, *Du You*, forme une paire. Le trigramme supérieur Feu représente le soleil qui dispense sa chaleur à travers le trigramme inférieur Ciel. La puissance du souffle créateur est à l'œuvre grâce aux nombreux traits *yang* présents. Moment d'expansion, le latent devient manifeste.

L'ABRÉGÉ

Réalisation du Grand, prospérité originelle.

Il s'agit d'un sublime accomplissement : nul besoin d'en dire plus.

LES TRAITS

1. *Sans rencontrer de nuisance, hors d'atteinte.*
En l'absence d'obstacle, on est porté par le courant.

2. *Un grand char à charger, favorable d'entreprendre.*
La fonction d'un char est de rouler et d'avancer. L'action est préconisée.

3. *Offrandes au Fils du Ciel, l'homme ordinaire en est incapable.*
Gratitude, générosité et partage sont au programme pour le Sage.

4. *Ne pas abuser de son envergure.*
S'astreindre à l'humilité sans montrer sa puissance, c'est faire la preuve d'une juste compréhension des choses.

5. *Entretenir des relations confiantes, fortune.*
Authenticité et noblesse de cœur engendrent une atmosphère de confiance.

6. *Protégé par le Ciel, hautement faste.*
On bénéficie grandement de l'assistance du Ciel.

EN PRATIQUE

UN STAGE EN ABBAYE

L'une de mes élèves m'apporte une plaquette d'informations sur une abbaye, en Bretagne, dans laquelle elle vient de séjourner. Les photographies du lieu sont inspirantes et je me demande si je ne pourrais pas y inviter un groupe pour un stage de qi gong.

Je décide de partir en prospection et de me rendre compte des conditions. Le lieu est idéal et facile d'accès. Je découvre avec ravissement un ancien monastère bénédictin fondé en l'an 465. L'abbaye est aujourd'hui une maison d'accueil gérée par une association loi de 1901 « La Providence » (!) intégrant une équipe de laïcs et une communauté de religieuses. Dans un écrin de verdure, au bord de l'océan (on accède directement à la plage par le jardin), le site est tout simplement magnifique et d'un calme absolu. Toutefois avant de réserver et de verser des arrhes conséquentes pour un groupe de quinze personnes, j'interroge le *Yi*.

L'hexagramme est très prometteur, quant aux traits mutants (3 et 5) ils m'encouragent dans ma décision. Le stage est un succès. Je renouvellerai l'expérience chaque année.

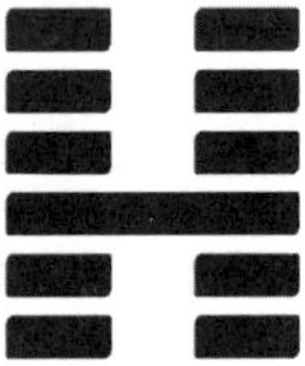

HEXAGRAMME 15, *QIAN* HUMILITÉ

Ordinairement, le sommet d'une montagne est censé symboliser la dominance. Ici, le trigramme inférieur Montagne s'abaisse devant le trigramme supérieur Terre. C'est donc le *yin* qui est en position de dominance et confirme la conduite à tenir. Une attitude de réserve, de simplicité et de modestie est préconisée, qui se rapproche de l'idéal taoïste. Le développement de ces vertus fait de l'hexagramme 15 celui de la sagesse.

L'ABRÉGÉ

Humilité, prospérité pour le Sage dans la durée.

Opposée à l'orgueil, la modestie, qualité aussi appréciable qu'agissante, mènera à la réussite, à condition de la maintenir sur toute sa vie ou en toutes circonstances.

LES TRAITS

1. *Le Sage humble, faste.*
Indispensable est l'humilité dans cette situation de départ.

2. *Humilité se manifeste, persévérance et fortune.*
La discrétion n'est plus de mise, Humilité se fait entendre au grand jour.

3. *Le Sage reste humble.*
Ne pas dévier de cette trajectoire, quelles que soient les conditions.

4. *Faire rayonner Humilité.*
À nouveau, on peut s'exprimer tous azimuts.

5. *L'invasion est favorable.*
Une intervention énergique n'exclut nullement la simplicité.

6. *Humilité se fait connaître.*
Se donner les moyens permet de corriger ou renforcer le bon ordre là où il fait défaut (y compris en soi-même).

EN PRATIQUE

UNE RESPONSABILITÉ DE TAILLE

Sollicitée par la Fédération des arts énergétiques et martiaux chinois pour devenir leur représentante en Île-de-France, j'ai refusé le titre à plusieurs reprises. De nature discrète et timide, je crains que cette charge – car je l'appréhende comme une charge – ne m'apporte plus de perturbations mentales que de sérénité. M. Zhou me téléphone et insiste. Je suppose également que les candidats ne doivent pas se bousculer…

Ma question est simple : dois-je accepter ?

C'est le trait 2 qui mute. La réponse est nette et correspond bien à mon ressenti. Je comprends alors que mon esprit élabore une idée fantasmée de ce rôle qui l'emporte sur sa nature réelle.

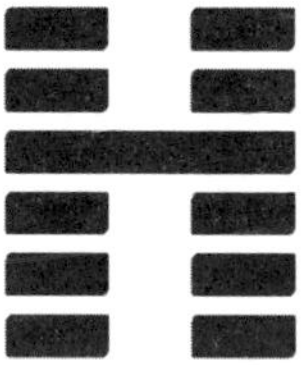

HEXAGRAMME 16, *YU* SATISFACTION

Tonnerre, en haut, s'extirpe de la Terre, en bas, pour exprimer l'enthousiasme et la ferveur inhérents à l'hexagramme 16. L'extériorisation est spontanée mais se doit d'être canalisée pour pouvoir atteindre la place de l'unique trait *yang*, le quatrième. Ce trait représente un Sage vers lequel se tournent les autres, les traits *yin*. Satisfaction indique la capacité à réunir et à organiser un groupe, une force.

L'ABRÉGÉ

Satisfaction, il est avantageux d'instaurer des vassaux et de mettre en marche l'armée.

Définir des priorités, fonder une structure bien organisée, déléguer sont des préalables à toute action décisive.

LES TRAITS

1. *Satisfaction se manifeste, néfaste.*
L'enthousiasme, l'allégresse s'embrasent comme un feu de paille… et s'éteignent. On s'est réjoui trop vite.

2. *Ne pas attendre la fin de la journée, faste.*
On ne laisse pas traîner les choses.

3. *Regrets, retards, remords.*
À force de tergiverser, on ne saisit pas le moment opportun, ce qui engendre remords et culpabilité.

4. *La Réalisation du Grand advient, la volonté s'accomplit en grand. Les amis de cœur se réunissent comme des cheveux rassemblés par une épingle.*
Cet unique trait *yang* est très favorable. L'authenticité de cet enthousiasme attire les autres et permet l'accomplissement.

5. *Maladie chronique, mais non mortelle.*
La conjoncture n'est guère favorable et génère beaucoup de stress.

6. *L'ignorance. Pour combien de temps ?*
C'est le règne de l'aveuglement, la situation a basculé.

EN PRATIQUE

UN CAS D'URGENCE

Un matin, je me réveille avec une vive douleur à l'œil droit, associée à une rougeur du bord de la paupière inférieure. Je songe à une conjonctivite bénigne et pars à l'école sans plus y penser. Je suis encore institutrice. Au cours de la journée, l'état de mon œil s'aggrave... à vue d'œil. Il enfle considérablement. Inquiète, je m'empresse d'interroger le *Yi* le soir même.

L'hexagramme 16 me rassure, mais les traits mutants m'intiment de réagir vite (trait 2) au risque de le regretter (trait 3).

Il est trop tard pour prendre un rendez-vous. Dès le lendemain, j'appelle un ophtalmologue, qui ne peut me recevoir avant quelques heures. Mon visage œdémateux effraie mes petits élèves de CM2. La maîtresse s'est transformée en monstre... Je présente un abcès important et le médecin me sermonne... encore quelques heures de plus et l'œdème aurait atteint mon cerveau.

Sous anesthésie, il me perce l'abcès, me prescrit un remède de cheval et m'annonce qu'il faudra patienter un mois avant de retrouver visage humain. Je ressemble à un boxeur qui aurait pris une « dégelée ». Je dois renoncer à mon cours de qi gong avec M. Zhou et lui fais savoir que j'ai un sérieux problème à l'œil. Le lendemain, il ne reste quasiment plus de trace. J'ai été guérie à distance avec l'énergie originelle.

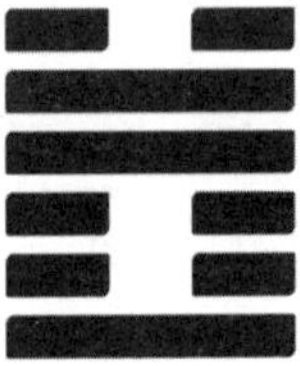

HEXAGRAMME 17, *SUI* SUITE

Le trigramme inférieur, Tonnerre, est synonyme de mouvement et de mise en route. Le trigramme supérieur, Lac, facilite l'approche et les contacts avec le monde. Les deux trigrammes combinés génèrent un courant porteur dans lequel il s'agit de s'insérer de manière naturelle. C'est suivre les opportunités de la vie, adopter ce qui se présente, sans attente ni désir, porté par la joie authentique du Lac.

L'ABRÉGÉ

Suite, prospérité originelle, la persévérance est favorable, hors d'atteinte.

S'insérer dans ce courant naturel entraîne la réussite.

LES TRAITS

1. *Le maître change, franchir la grande porte amène au succès.*
Il est bon de franchir le seuil de sa porte, nouer des relations, rencontrer les autres.

2. *S'attacher au jeune homme, perdre l'homme mûr.*
Les relations évoluent, on ne sait plus qui suivre. Il convient de réfléchir.

3. *S'attacher à l'homme mûr, perdre le jeune homme.*
Les données s'inversent, mais on ne s'interroge plus, on choisit.

4. *En suivant, obtenir, néfaste. Avec confiance et clarté dans la Voie, sans erreur.*
Le volontarisme est inapproprié. Être clair avec soi-même facilite un heureux dénouement.

5. *Sincérité et bien, faste.*
Loyauté et authenticité garantissent le succès.

6. *Se lier et s'attacher.*
L'action de suivre semble contrainte et forcée…

EN PRATIQUE

QUESTION DE CHOIX (1)

A. est un homme d'une quarantaine d'années, à l'allure dynamique et d'apparence affable. Il vient tenter une consultation « par curiosité ». L'envie de quitter son entreprise le démange, les relations entre collègues étant quelque peu tendues. Son expérience professionnelle lui a valu un rendez-vous, suivi de la proposition d'un poste. Les conditions salariales sont similaires. La question d'A. est simple : doit-il rester ou partir ?

Suite est l'hexagramme du flux naturel dans lequel il convient de s'insérer. Les traits mutants donnent la mesure. Le deuxième trait indique *s'attacher au jeune homme, perdre l'homme mûr*. Le *jeune homme*, ici, représente son entreprise actuelle beaucoup plus récente que celle visée, symbolisée par *l'homme mûr*. Le troisième trait ne nous renseigne pas davantage. Ce tirage n'est pas vraiment un scoop... il ne fait que décrire la situation. A. semble pourtant impressionné. Je lui propose d'affiner en posant deux questions supplémentaires. *Quid* si je reste ? et *quid* si je pars ? (voir « Hexagramme 38. Question de choix 2 » et « Hexagramme 63. Question de choix 3 »).

Quand le consultant est placé devant une alternative, la question peut être dédoublée. Le choix se portera sur la réponse la plus attractive.

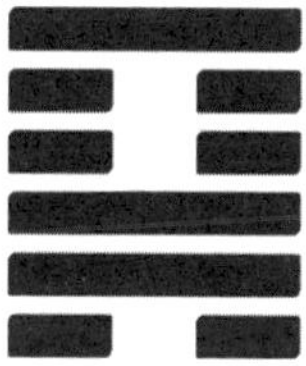

HEXAGRAMME 18, *GU* REMÉDIATION

Le trigramme inférieur, Vent, est entravé par la Montagne au-dessus. Sa non-circulation génère un état de blocage, décomposition et miasmes qu'il s'agit d'assainir, de nettoyer, réparer. Du temps, beaucoup de temps a été nécessaire pour en arriver à ce point. La métaphore générationnelle exprime comment panser les erreurs de nos ancêtres, leurs fautes et aussi leurs méfaits ou désarrois. La corruption est traitée avec plus ou moins d'efficacité selon les traits.

L'ABRÉGÉ

Remédiation, prospérité originelle, il est favorable de traverser les grandes eaux ; trois jours avant le signe jia, *trois jours après le signe* jia.

Face à une crise et malgré les difficultés qui lui sont inhérentes, le *Yi* conseille de procéder à un travail de réparation. *Jia* se réfère au calendrier traditionnel chinois et indique le début d'une telle entreprise. Le moment considéré correspond à une période de sept jours, le changement intervenant au milieu de cette phase.

LES TRAITS

1. *Remédier aux fautes du père, faste à terme.*
Bien qu'elles aient généré des conditions détériorées, les erreurs paternelles ne sont pas fondamentales. On peut espérer *à terme* la résolution des problèmes.

2. *Remédier aux fautes de la mère.*
Panser les plaies exige de faire preuve de souplesse.

3. *Remédier aux fautes du père, hors d'atteinte.*
Il s'agit encore de soigner. Le cas n'entraîne pas de grave conséquence.

4. *Tolérer les fautes du père, ne rien obtenir.*
Indulgence ou faiblesse ne mènent à rien.

5. *Remédier aux fautes du père dans l'honneur.*
On traite avec succès.

6. *Ne pas servir roi et princes.*
Il n'est plus question de Remédiation, on a pris suffisamment de recul.

EN PRATIQUE

LA FAUTE DE MON PÈRE

S. vient consulter pour un éclairage de vie. Elle souffre d'un syndrome de fibromyalgie et vit avec des douleurs musculaires quotidiennes. Depuis des années, elle multiplie les thérapies, toutes sortes de thérapies, et réussit à mettre les soignants en échec. Elle ne sait plus vers qui se tourner après ces tentatives infructueuses. Que peut-elle faire ou espérer ?

Remédiation traite du transgénérationnel. J'interroge S. sur ses relations avec son père. Celui-ci a abandonné sa femme et ses trois enfants pendant quelques années, avant de resurgir en pointillé dans leur vie. Les affects de S. révèlent de profondes blessures. Son mari est décédé d'un accident de la route et cet ultime coup de grâce a déclenché une algie ininterrompue.

Les traits 3 et 4 laissent penser que la vie de S. s'est organisée autour de sa souffrance, sa maladie est devenue son identité. Elle est empêtrée ou s'empêche d'avancer. La résolution à terme semble difficile, voire compromise, car S. cherche des solutions externes, qu'elle s'imagine plus faciles d'application. C'est une consultation pénible et je n'ai pas de piste à lui proposer, hormis de venir essayer le qi gong. Cet art énergétique fonctionne sur certaines fibromyalgies et reste sans effet sur d'autres, en fonction de la réceptivité de chaque individu.

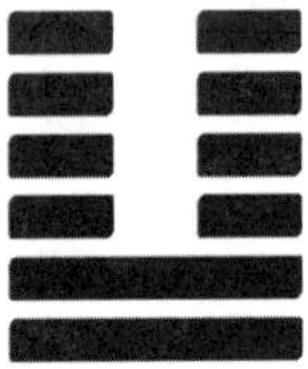

HEXAGRAMME 19, *LIN* MAÎTRISE

L'eau du trigramme inférieur, Lac, nourrit la Terre, située en haut. L'influence est réciproque et profitable. Le *yang*, bien que minoritaire avec les deux seuls traits pleins du Lac, est une force qui s'éveille. Le *yin* majoritaire les accueille avec bienveillance pour développer leurs qualités et capacités complémentaires. Tous les traits de l'hexagramme sont positifs.

L'ABRÉGÉ

Maîtrise, prospérité originelle, persévérance favorable. Arrivé au huitième mois, le présage devient néfaste.

Maîtrise traite de l'interdépendance de la polarité *yin/yang* et de la légère prédominance accordée au *yang*. L'hexagramme nous met en garde contre l'avancée du *yin*.

LES TRAITS

1. *Maîtrise avec sentiment, persévérance, faste.*
Interaction et stimulation sont à l'ordre du jour.

2. *Maîtrise avec sentiment, faste.*
La persévérance indispensable au début de la situation, au 1er trait, n'est plus de mise. Le moment est très favorable.

3. *Maîtrise avec bonté et douceur, sans aucun avantage. Avec conscience, sans erreur.*
Une conscience claire de la situation ne peut que protéger des inconvénients temporaires.

4. *Maîtrise du* yin, *hors d'atteinte.*
L'attitude est correcte et la situation ne présente aucun préjudice.

5. *Maîtrise avec intelligence, digne d'un prince.*
On exerce avec brio que ce soit de manière individuelle ou collective.

6. *Maîtrise avec générosité, faste, hors d'atteinte.*
Bienveillance et altruisme caractérisent ce trait. C'est parfait.

EN PRATIQUE

RÉITÉRER LE STAGE DANS L'ABBAYE

L'excellent souvenir de l'été précédent (voir « Hexagramme 14 ») ne parvient pas à dissiper la légère crainte que mon imagination fertile entretient et développe. Mon évolution est constante mais connaît avancées et reculs, inhérents à ce type de profession aléatoire. La confiance s'installe au fil du temps, mais le doute continue à s'insinuer de manière récurrente. Mes élèves vont-ils s'inscrire à nouveau ? Ne vont-ils pas se lasser de la répétition des exercices de qi gong ? Combien de chambres doivent être réservées ? Etc. Autant de questions que je ne peux poser formulées ainsi. J'opte pour la plus simple : *quid* d'un deuxième stage dans l'abbaye ?

L'abrégé paraît ambivalent. Fondamentalement bénéfique (*prospérité originelle, persévérance, favorable*), il laisse planer un doute, sans doute mon propre doute (*arrivé au huitième mois, le présage devient néfaste*). La progression n'est pas toujours linéaire et la voie de la sagesse la resitue dans un laps de temps élargi, comme les variations saisonnières ou climatiques. Après le beau temps, la pluie ! pourrait-on dire ici. Mais le trait 6 me conforte. Les qualités énoncées évoquent un saut qualitatif. Le moment sera heureux et mon enseignement, une opportunité.

La quasi-totalité des élèves de l'an dernier revient, augmentée de quelques nouveaux inscrits.
Une synchronicité étonnante m'accueille à mon arrivée à l'abbaye. Un rocher de taille conséquente, sur lequel on a barbouillé à la peinture blanche un énorme 19 (afin que le message ne m'échappe pas ?).

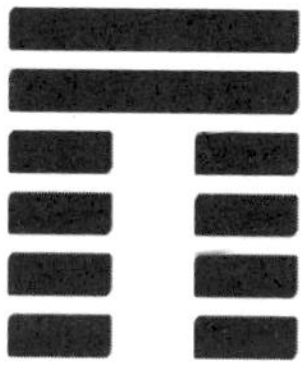

HEXAGRAMME 20, *GUAN* MÉDITATION

Le trigramme Vent, au-dessus de la Terre, représente la porte d'un temple et invite à élever son point de vue par la méditation. Regarder intérieurement et profondément dans un état de quiétude pour une prise de conscience salutaire, tel est le conseil de l'hexagramme 20. La vision s'élargit et s'éclaircit.

L'ABRÉGÉ

Se laver les mains sans présenter d'offrande, avoir confiance, regarder en levant les yeux de façon respectueuse.

Gestes rituels et temps de recueillement élèvent le point de vue. L'authenticité du moment permet une prise de conscience éclairée.

LES TRAITS

1. *Regard d'enfant ou d'homme ordinaire.*
Le regard est soit naïf, soit un peu trop simple…

2. *Regard furtif de la femme.*
Cette œillade à la dérobée est trop rapide ou trop limitée.

3. *Regarder sa vie fait avancer ou reculer.*
La vision commence à s'élargir. Ce bilan personnel est un premier pas sur le chemin. Apprentissage et progression connaissent avancées et reculs.

4. *Admirer l'honneur de son pays.*
Le regard s'étend au-delà de soi, sur un territoire plus vaste.

5. *Regarder sa vie.*
La conscience est claire et limpide. On devient un modèle pour les autres.

6. *Regarder la vie.*
Décentré de son ego, le regard s'étend au monde et au fonctionnement des choses.

EN PRATIQUE

UNE PREMIÈRE RETRAITE SPIRITUELLE

Je traverse une période problématique dans ma vie personnelle, seul le qi gong me permet de maintenir le cap sans sombrer. Incitée par une amie, j'assiste à un enseignement bouddhiste transmis par un lama tibétain, Sh. D. R., celui qui nous emmènera bien plus tard au Népal (voir « Hexagramme 1 »). Le cadre me paraît étrangement familier. Nous sommes en ce brumeux mois de novembre.

Séduite par le charisme du lama, je poursuis ses instructions. L'été s'approche avec l'annonce d'une possible retraite spirituelle de quinze jours. J'ignore en quoi elle consiste. J'hésite à la cumuler avec les deux semaines de qi gong, guidées par mon professeur, et déjà prévues à mon agenda.

J'obtiens un hexagramme brut, sans aucun trait mutant. L'absence de mutation suggère que la réponse est claire, nette et sans aucune fluctuation. Le titre de l'hexagramme 20 – Méditation – sonne juste. En chinois, *Guan* signifie regarder un modèle, un exemple, mais désigne également un temple. *Se laver les mains* résonne comme un nettoyage ou une purification. La retraite sera donc un temps de recueillement et de concentration silencieuse. La confiance évoque la foi, qui se lit dans le regard et l'attitude.

Je serai très touchée, voire ébranlée, par cette première rencontre avec le bouddhisme. Elle m'ouvre une nouvelle perspective de vie et enrichit mon qi gong en lui conférant une dimension spirituelle.

HEXAGRAMME 21, *SHI HE* MORSURE ET RÉUNION

La configuration des trigrammes, Feu au-dessus du Tonnerre, implique une intervention énergique pour rétablir la situation. Il s'agit de trancher le nœud gordien. Le dessin des traits représente une bouche ouverte : les 1er et 6e traits *yang* figurent les lèvres, les traits *yin* les dents et le 4e trait *yang* « l'os » situé au cœur du problème qui doit être éliminé.

L'ABRÉGÉ

Morsure et Réunion, prospérité, il est avantageux d'appliquer la loi.

Il y a un obstacle qu'il faut résolument broyer, éradiquer.

LES TRAITS

1. *Chausser des entraves.*
Les entraves paralysent la marche. On ne peut continuer ainsi.

2. *Appliquer la loi.*
Pour rétablir la situation, une certaine fermeté est nécessaire.

3. *Mordre de la viande séchée, léger obstacle.*
La *viande séchée*, difficile à mastiquer, symbolise la difficulté de la situation. Néanmoins, celle-ci n'est pas insurmontable.

4. *Mordre de la viande séchée avec ses os, obtenir une flèche de métal.*
On tombe sur un os. L'épreuve est importante et requiert de la détermination. L'hexagramme encourage à ne pas fléchir et à trancher.

5. *Mordre de la viande séchée plus fraîche, ce qui est obtenu est juste.*
La viande est plus tendre, les conditions commencent à s'améliorer. Persévérance et vigilance entraîneront la résolution du problème.

6. *Endosser des entraves, néfaste.*
On n'entend pas la voix de la raison.

EN PRATIQUE

UN OS EN TRAVERS DE LA GORGE

Je viens de perdre successivement ma chère maman en 2012, puis mon lama et guide spirituel en 2014. Je ne suis pas encore sortie de cette période endeuillée, quand une de mes amies les plus proches, I., m'annonce être atteinte d'un cancer de l'œsophage. Je pressens que le diagnostic est mauvais, très mauvais. Inquiète, je demande…

Visuellement, les traits qui composent l'hexagramme symbolisent une bouche grande ouverte. Les premier et dernier traits *yang* représentent les lèvres ; les traits *yin* à l'intérieur symbolisent les dents et l'unique trait *yang* au milieu, un os ou l'obstacle à éliminer. Pour cela, il faut le laminer afin de rétablir l'équilibre ou l'harmonie.

Rien ne serait perdu dans le cas d'I. si le trait 6 n'était pas mutant. I. est cette amie, déjà venue me consulter (voir hexagramme 6). Régulièrement en désaccord avec son entourage, elle n'est pas consciente de ce qui la frappe et refuse d'accéder à l'intellection. I. n'entend pas la voix de la raison. Elle mène une double vie – une face visible, une face cachée – et ne digère pas cette situation.

Le cancer lui sera fatal et nous la perdrons en 2016.

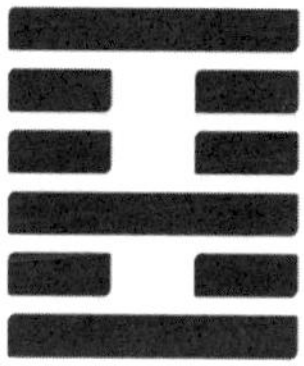

HEXAGRAMME 22, *BI* ÉLÉGANCE

Le trigramme inférieur, Feu, brillant et éclatant, est lié à la notion d'apparence. Au pied de la Montagne, trigramme supérieur et expression de la substance, Feu projette sa lumière éclairante. *Bi* signifie « embellir naturellement, sans superflu ». L'Élégance, telle une grâce spontanée, reflète les qualités intérieures. Le fond et la forme ne font qu'un

L'ABRÉGÉ

Élégance, prospérité, petit avantage à entreprendre vers l'avant.

Un parfait accord entre l'intérieur et l'extérieur, l'harmonie entre le fond et la forme ont pour résultat Élégance. Cependant, l'élan est modéré car l'avantage à entreprendre s'avère petit.

LES TRAITS

1. *Soigner ses orteils et marcher.*
Les pieds symbolisent le commencement. Leur embellissement est spontanément abandonné au profit de l'essence.

2. *Soigner sa barbe.*
La relation du visage et de la barbe évoque celle de la substance et de l'ornement. Prendre soin de son apparence n'est pas superflu.

3. *Soigner, s'imprégner, longue persévérance, fortune.*
L'Élégance est de mise, mais point trop n'en faut. L'être est à privilégier sur le paraître dans ce qu'il a de juste et d'adéquat.

4. *Soigner, blanchir, ce n'est pas un bandit mais une union par mariage.*
Renoncer à l'embellissement superficiel au profit de l'authenticité et de la simplicité, préférer l'essentiel au superflu fonde des relations sincères, pures et profondes.

5. *Soigner le jardin, fortune.*
Le jardin est un endroit prisé pour sa splendeur naturelle. Ici, la simplicité l'emporte sur les apparences mondaines. Une réjouissance est annoncée.

6. *Pure Élégance, la volonté se réalise.*
Le dernier trait clôt l'hexagramme par une volonté affirmée de retour à l'authenticité.

EN PRATIQUE

LE PREMIER COLLOQUE INTERNATIONAL DU *YI JING*

En juin 2014, le centre Djohi organise au Théâtre Adyar, à Paris, la première rencontre internationale entre les plus grands spécialistes mondiaux du *Yi Jing*. Cyrille Javary, à l'origine du projet, nous invite, M. Zhou et moi-même, à y participer. Après quelques échanges, nous décidons qu'alternativement, je prendrai la parole au micro et ferai une démonstration de qi gong sur scène. Mon ego est flatté, mais l'idée me fait trembler de la tête aux pieds. Mon sentiment est que je n'ai pas ma place dans un tel contexte.

La réponse, je ne l'entends qu'en partie. Le terme *blanchir* du trait 4 suggère que ma vive réaction est démesurée et que je dois l'atténuer. Adoucir, apaiser sont les mots qui me viennent à l'esprit. Le *bandit* qui n'en est pas un, est ma crainte du regard de l'autre, des autres – la conférence réunira des centaines de personnes – et semble être le fruit de mon imagination galopante. L'*union par mariage* signifie que je peux transformer la situation et l'inverser. Plus facile à lire ou à dire qu'à faire !

D'apparence très calme, je parviens à effectuer ma prestation. Ma démonstration de qi gong, en tenue sobre, sera remarquée par... son Élégance.

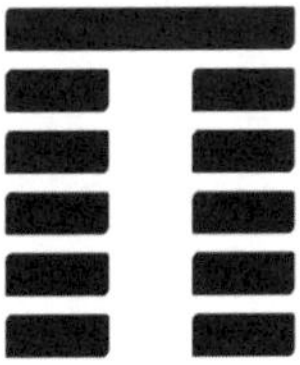

HEXAGRAMME 23,
BO
ALTÉRATION

Le trigramme supérieur, Montagne, repose sur le trigramme inférieur, Terre. Trop de poids fragilise la Terre qui s'affaisse. Les traits *yin* obscurs dominent comme s'ils souhaitaient chasser l'unique *yang*, le dernier trait de lumière. L'hexagramme 23 est celui d'une détérioration, d'une usure lente et graduelle. La période est difficile et pour éviter le pire ou l'effondrement, il s'agit d'en faire le moins possible, d'économiser ses forces et ses ressources en attendant des temps meilleurs.

L'ABRÉGÉ

Altération, il n'est pas avantageux d'entreprendre, d'aller de l'avant.

Au cours de cette période de ténèbres et/ou de lente détérioration, il est préférable de réserver son énergie et d'attendre des temps meilleurs pour agir.

LES TRAITS

1. *Altération du lit par les pieds, infortune.*
La dégradation commence par le bas, c'est-à-dire le début. L'entêtement risquerait d'accélérer le processus, il vaut mieux s'arrêter.

2. *Altération du lit par le bâti, infortune.*
La détérioration se poursuit. Le conseil est identique à celui du trait précédent.

3. *Altération, hors d'atteinte.*
La situation ne s'est pas envenimée, l'usure se fait moins virulente.

4. *Altération du lit par la peau, néfaste.*
L'érosion progresse et touche le corps. Le désastre et/ou le dénouement sont imminents.

5. *Poissons enfilés, concubines préférées, sans inquiétude.*
Dans un contexte néfaste, les poissons, signe de fertilité et de nourriture, et les dames du palais laissent penser que la situation s'améliore.

6. *Ne pas manger l'énorme fruit, chariot pour le Sage ; pour les autres, Altération de la maison.*

L'énorme fruit, soit l'unique trait *yang*, est précieux et doit être conservé afin qu'il se reproduise. Le Sage acquiert l'assentiment du peuple tandis que les hommes ordinaires perdent leur foyer.

EN PRATIQUE

UNE HYPOTHÈSE CONFIRMÉE

Maman a des absences, de plus en plus fréquentes, de plus en plus nombreuses. Le processus s'est lentement enclenché peu après le décès de mon père. Des oublis et des trous de mémoire à répétition nous font craindre, à ma sœur et à moi, une dégénérescence programmée. Un rendez-vous chez le neurologue a été pris et j'interroge le *Yi*.

Altération prend l'allure d'un prédiagnostic. L'hexagramme est brut, sans mutation aucune. Il confirme la lente détérioration du cerveau de maman et la descente progressive aux enfers...

Une batterie d'examens neurologiques confirmera sa maladie d'Alzheimer.

Ce cas pose une autre question, d'ordre déontologique. Peut-on interroger pour autrui ? Certains avanceront que ce n'est pas éthique. Par honnêteté, je pense qu'il vaut mieux l'éviter. Nonobstant, une intention juste et un cœur bienveillant peuvent lever la contre-indication.

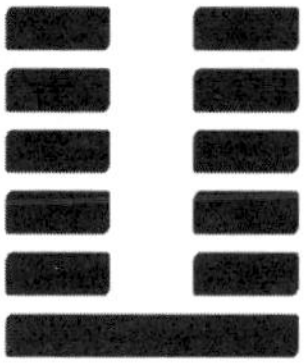

HEXAGRAMME 24, *FU* RENAISSANCE

La vivacité du trigramme inférieur, Tonnerre, émerge de la Terre, trigramme supérieur. C'est le retour de la lumière, le réveil printanier, la régénération. L'énergie revient et déclenche un nouveau cycle. Cependant, sa jeunesse et sa fragilité incitent à la laisser au repos. Il convient de la nourrir pour favoriser son déploiement ultérieur.

L'ABRÉGÉ

Renaissance, prospérité, sortir, rentrer sans nuisance, les amis de cœur viennent, sans conséquence. Aller, venir sur la Voie. Au septième jour vient le retour, il est avantageux d'entreprendre.

Le mouvement de va-et-vient indique un certain succès. L'énergie s'éveille et dans quelque temps, on pourra accompagner et soutenir ce renouveau.

LES TRAITS

1. *Revenir de près, hautement faste.*
C'est le retour de celui qui n'est pas parti très loin. La formule mantique *hautement faste* est extrêmement bénéfique.

2. *Renaissance sereine, faste.*
Harmonie, paix, bienveillance et humanité se dégagent de ce trait.

3. *Renaissance répétée, sans conséquence.*
Le désir est présent, mais les conditions sont inadéquates. Il n'en résulte aucun dommage.

4. *Marcher seul au milieu, suivre la Voie.*
Le retour s'effectue en solitaire… dans une démarche de haute valeur.

5. *Renaissance magnanime.*
La maîtrise confère de la générosité, elle-même reflet d'un esprit élevé.

6. *Renaissance perdue, infortune. Sans aucune victoire pendant dix ans.*
Ici, l'esprit s'égare. La mauvaise route remplace le droit chemin. C'est le règne de l'obscurité. Le manque de discernement est total

et l'obstination par des tentatives répétées d'action ne conduit qu'à une impasse. Le cycle sera long.

EN PRATIQUE

UNE PRATIQUE EN SOLITAIRE

Une avalanche de synchronicités, à une cadence effrénée et sur un temps très bref, résonne comme une rengaine de l'Univers qui me propulse, bon gré mal gré, vers le Kriya Yoga de Babaji. J'estime avoir suffisamment de cordes à mon arc sans y ajouter une nouvelle pratique, qui implique à nouveau apprentissage et investissement. Les journées n'ont que 24 heures et je crains la surcharge de mon emploi du temps. De plus, je n'ai aucune envie d'utiliser les transports en commun pour me déplacer. Ces dernières années, mes cours se sont concentrés autour de mon habitat. Ne pouvant prétendre ignorer les signes ainsi répétés, vaincue mais nullement convaincue, je navigue sur le Net. L'annonce d'une première initiation à ce yoga m'interpelle, elle se déroulera sous peu aux Lilas et je peux m'y rendre à pied. Je m'y inscris. Le groupe initié ou la *sangha* (communauté) a l'habitude de se retrouver périodiquement pour pratiquer ensemble et m'invite à les rejoindre. J'interroge le *Yi*.

L'hexagramme 24 annonce le retour de la vitalité printanière et promet une *Renaissance*. Le trait 4, *Marcher seul au milieu, suivre la Voie*, me conforte dans mon aspiration à poursuivre seule, pour l'instant. Mon passé, mes expériences et ma grande persévérance sont des éléments apparemment suffisants.

HEXAGRAMME 25, *WU WANG* SANS ILLUSION

Le trigramme supérieur, Ciel, suggère la présence d'une lumière au-dessus de l'orage, représenté par Tonnerre en bas. Le contexte n'est pas simple et l'hexagramme 25 nous incite à abandonner les idées erronées ou préconçues, les espérances démesurées ou irraisonnées. Autrement dit, modérer ses élans intempestifs est souhaitable, car le Tonnerre pourrait frapper. Répondre aux sollicitations du moment, agir avec spontanéité, telles sont les recommandations de Sans Illusion.

L'ABRÉGÉ

Sans Illusion, prospérité originelle ; la persévérance est bénéfique. Si ce n'est pas juste, un obstacle survient et il n'est pas favorable de continuer.

Une vision lucide engendre faveur et essor. *A contrario*, une vision erronée génère contretemps et empêchement.

LES TRAITS

1. *Avancer est faste.*
Sans attente ni désir, on est en mesure d'entreprendre

2. *Labourer sans penser à la récolte.*
Il convient de ne pas songer à la réussite et de se concentrer uniquement sur l'instant présent car le fruit n'est pas suffisamment mûr pour être recueilli.

3. *Désastre, le buffle est dérobé.*
Une perte considérable, *le buffle*, entraîne la catastrophe.

4. *Rester immobile, hors d'atteinte.*
Le moment n'est pas porteur. Demeurer figé est la seule solution pour l'instant.

5. *Maladie sans médicament devient Joie.*
La guérison est spontanée. La situation se rétablit naturellement.

6. *Avancer mène au désastre.*
Persévérer s'avère déraisonnable et cette attitude inconsidérée se retourne contre nous.

EN PRATIQUE

LA RAISON *VERSUS* LE DÉSIR

S., un jeune homme sérieux, m'expose le dilemme auquel il est confronté. Il doit choisir avec le maximum de lucidité entre les deux voies professionnelles qui s'offrent à lui : devenir soit un fonctionnaire avec une rémunération modeste mais stable, soit un vidéaste indépendant aux activités passionnantes mais aux débouchés incertains, ce qui en période de crise n'est pas à prendre à la légère, selon ses propres mots.

S. est un garçon intelligent, qui a une préférence pour le deuxième choix et un pressentiment pour le premier. Il est sans économies, c'est pourquoi la consultation lui paraît prudente. Pour lui, si l'oracle ne prédit pas l'avenir, il donne en tout état de cause une carte des risques encourus, des atouts et des potentiels (intérieurs et extérieurs) à développer, tout comme la météo n'est pas une prophétie et encore moins une science exacte. Si la météo prévoit une grande probabilité d'orage, le choix de sortir ou non, de se couvrir ou non, relève de la responsabilité de chacun. *In fine*, il peut s'avérer qu'il ne pleuve pas, mais l'humidité aura été particulièrement élevée ce jour-là.

Je propose deux questions. Nous commençons la séance avec « *Quid* du fonctionnariat ? » La réponse *Sans illusion* donne le ton. Il abandonne ses rêves. L'abrégé conseillerait de s'y engager – *la persévérance est bénéfique* – sauf si une difficulté surgit. Le trait mutant est le sixième et contredit l'abrégé. *Avancer mène au désastre* prédomine.
La deuxième question : « *Quid* de devenir vidéaste ? » va affiner la réponse et nous mener vers la solution. Ce sera l'hexagramme 45, le désir *versus* la raison.

HEXAGRAMME 26, *DA XU* GRANDE ABONDANCE

Le trigramme supérieur, Montagne, perce le trigramme inférieur, Ciel. Puissance et calme embrassent la vastitude céleste. Dompter, orienter la force *yang*, c'est faire preuve de la juste compréhension des choses, avoir un entendement éclairé. En d'autres termes, la fermeté est de mise : il convient d'apprivoiser le *yang* par le *yang*.

L'ABRÉGÉ

Grande Abondance, il est favorable de persévérer. Ne pas manger chez soi est faste, il est favorable de traverser les grandes eaux.

La persévérance est une fois de plus très valorisée. Aller au-dehors, affronter l'extérieur et chercher à alimenter la vertu chez les autres relève d'une profonde humanité.

LES TRAITS

1. *S'arrêter face à une difficulté.*
Ce n'est pas le moment d'agir, ce serait même dangereux. Interrompre toutes affaires cessantes pour éviter une calamité.

2. *Essieux détachés.*
Maintenu de force à l'arrêt, il s'agit de faire preuve de patience pour éviter les difficultés.

3. *Pratiquer et se protéger.*
Vigilance et assiduité d'une pratique quotidienne constituent la ligne de conduite préconisée.

4. *Planche frontale du jeune taureau, hautement faste, joie.*
La *planche frontale* représente une précaution pour adoucir la situation. Elle freine l'agressivité possible des cornes bovines. La joie résulte de l'efficacité de la technique employée.

5. *Sanglier châtré, faste.*
On retire encore ce qui est trop *yang* ou trop puissant. Ce contrôle procure à nouveau de la joie.

6. *Porter le Ciel.*
Trait élogieux, le soutien du Ciel garantit une véritable protection. La réussite ne fait aucun doute.

EN PRATIQUE

UNE DIRECTRICE AUTORITAIRE

J'effectue ce tirage alors que je suis encore installée dans ma première tranche de vie professionnelle. Institutrice dévouée, je travaille dans une école dirigée par une femme en souffrance. Elle empoisonne le quotidien de ses collègues par des abus de pouvoir, impose des contraintes frôlant l'absurdité, brandit des menaces pour nous faire plier, veut être respectée de gré ou de force, mais plus souvent de force. La salle des maîtres, autrefois si conviviale, devient déserte. Les enfants la craignent. Mal aimée des parents d'élèves, les réunions sont houleuses et pénibles. Comment améliorer nos rapports avec elle ? C'est ce que je demande au *Yi*.

L'abrégé ne m'éclaire pas. Les traits 5 et 6 m'invitent à tenter de lui envoyer de l'énergie compatissante au cours de mes prières et pratiques de qi gong. L'idée m'avait déjà traversée, mais mon aversion dominait. Je me plie aux conseils du texte et tente de laminer la force brute de ma directrice.

Curieusement, quelque temps plus tard, les cris habituels qui emplissaient les couloirs de l'école ont diminué d'intensité (voir hexagramme 57). La virulence et l'agressivité s'atténuent au grand soulagement de toute l'équipe pédagogique. J'apprendrai par la suite qu'elle a entamé une thérapie et changé d'antidépresseurs.

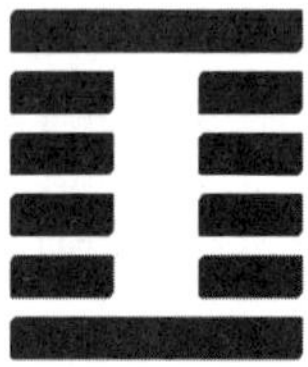

HEXAGRAMME 27,
YI
NOURRITURE

La combinaison des trigrammes, Tonnerre en bas, Montagne en haut, forme une grande bouche ouverte. Les traits *yang* figurent les lèvres et les traits *yin* les dents et le vide qui attend d'être comblé. L'hexagramme 27 est celui de la Nourriture, dans un sens très large. Nourriture terrestre – savoir alimenter son corps – et Nourriture spirituelle – savoir alimenter sa conscience – semblent indéfectiblement liées. Le *Yi* nous invite à nous interroger sur nos besoins, nos désirs et notre manière d'y pourvoir. Nourrir le corps et l'esprit avec intelligence et modération, telle est la leçon.

L'ABRÉGÉ

Nourriture, la persévérance est faste ; observer, rechercher ce qui remplit la bouche, nourrir.

Nourriture est signe de bonne fortune. L'hexagramme concerne à la fois les nourritures terrestres et spirituelles. La conscience de ce qui transite par la bouche (la sienne et celle des autres) se rapporte également au discours, à la fonction langagière.

LES TRAITS

1. *Regarder les joues, néfaste.*
Les *joues* bien remplies de l'autre sont regardées avec convoitise. Or, ne pas savoir se contenter de ce que l'on a, entraîne des désirs insatisfaits, voire de l'amertume.

2. *Se retourner vers Nourriture, entreprendre sont néfastes.*
Espérer ou attendre un soutien nourrissant des autres est inutile.

3. *Le présage est néfaste pendant dix ans.*
L'attitude est confuse et l'on s'éloigne de plus en plus de la rectitude indispensable à l'épanouissement. Le laps de temps est symbolique, mais indique une période longue.

4. *Tel un tigre.*
L'appétit devient vorace, mais à ce niveau, l'avidité est sans conséquence.

5. *Persévérance bien que l'on ne puisse traverser les grandes eaux.*
La position est relativement inconfortable, mais on peut continuer sur ce chemin, à condition de ne pas avoir les yeux plus gros que le ventre.

6. *Origine, danger et fortune, grande bénédiction.*
La générosité est si grande qu'elle alimente trop de monde. La charge est à la fois lourde et méritante, ce qui explique le paradoxe *danger et fortune*.

EN PRATIQUE

UNE PROPOSITION INATTENDUE

En 2010, je rencontre C., acupunctrice, et c'est tout naturellement qu'elle me soumet un projet de formation en commun sur la diététique chinoise. L'envie de me pencher sur le sujet dans ses entrelacements énergétiques et philosophiques avec le qi gong est freinée dans son élan par la complexité et la vastitude que je soupçonne. J'examine la question à l'aune du *Yi*.

L'hexagramme obtenu est brut et on ne peut plus adéquat. Le dessin des traits symbolise une grande bouche ouverte. L'abrégé est positif et évoque ce qui nourrit le corps et l'esprit. Il invite à considérer attentivement notre bouche, comment s'alimenter et *nourrir* implicitement les autres. L'allusion se rapporte aux conseils qui seront dispensés pendant la formation par nos paroles d'enseignantes. Plus sereine, j'adhère au projet.

EN PRATIQUE

UNE RECONVERSION PROFESSIONNELLE

A. envisage de se reconvertir dans le domaine du bien-être. Je connais A. depuis longtemps. Son cursus me paraît inadapté, je ne la sens pas du tout prête pour une telle aventure.

À mon étonnement, l'hexagramme est plutôt positif. L'endurance est de mise. Les verbes – *observer, rechercher… nourrir* – suggèrent que des connaissances sont en voie d'acquisition. En revanche, le trait 1 – *Regarder les joues, néfaste* – dénote un désir avide. A. a une vision fantasmée de cette nouvelle carrière, n'y percevant que les avantages. Sans la décourager, je lui rappelle le principe de réalité et la lourdeur de certains aspects qu'elle élude.

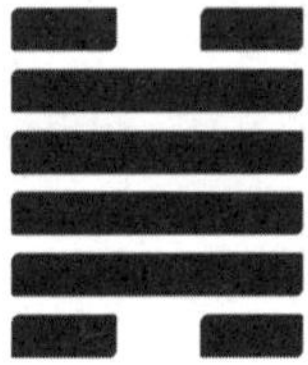

HEXAGRAMME 28, *DA GUO* DÉSÉQUILIBRE

Le trigramme supérieur Lac surplombe le trigramme inférieur Vent. Cette association fait surgir une concentration excédentaire de traits *yang*, encadrés par deux traits *yin*, trop faibles pour supporter la lourdeur de la charge. La situation crée un Déséquilibre à rectifier. La disproportion entre fermeté et souplesse est anormale et accablante, il convient d'y remédier.

L'ABRÉGÉ

Déséquilibre, la charpente est déviée, il est favorable d'avancer, prospérité.

Trop de *yang* au milieu de l'hexagramme, pas assez de *yin* aux bords : la structure de soutien ploie. Poursuivre avec souplesse entraîne le succès.

LES TRAITS

1. *Tapisser avec du chaume blanc, hors d'atteinte.*
Une grande prudence est recommandée, cela fera toute la différence.

2. *Un peuplier desséché engendre de nouvelles racines. Un vieil homme, une jeune femme.*
Métaphore végétale de régénérescence : un vieux mari retrouve vigueur et vitalité dans son union avec une femme jeune, malgré la différence d'âge.

3. *Charpente déviée, danger.*
Trop de poids menace la structure.

4. *Charpente bombée, favorable.*
La poutre maîtresse se redresse et même si tout n'est pas encore harmonieusement rétabli, le stade dangereux est dépassé.

5. *Un peuplier desséché, une vieille femme, un jeune homme.*
Cette fois-ci, l'union semble stérile et ne durera pas.

6. *Traverser submerge le sommet de la tête, néfaste.*
Le risque est réel, il faut impérativement se libérer de la surcharge.

EN PRATIQUE

UN ACHAT IMMOBILIER COMPROMIS

L., un homme d'âge moyen, s'adresse à moi, sur l'avis d'une de ses amies. Il souhaite s'installer « au vert » – tels sont ses propos – et a déjà repéré la maison de ses rêves. Tout achat immobilier est un investissement coûteux et de taille. Il veut être sûr de ne pas se tromper.

L'hexagramme, constitué de quatre traits *yang* encadrés par *deux yin*, est le symbole d'un *déséquilibre* à rectifier. La charge est trop lourde. Le troisième trait insiste, il y a *danger*. Focalisée sur la métaphore, j'interroge L. L'emprunt bancaire est-il conséquent ? Son trajet pour se rendre au travail ne sera-t-il pas long et fatigant à terme ? Ses réponses négatives me plongent dans l'incompréhension.

L. se raccroche à la deuxième partie du texte, *il est favorable d'avancer, prospérité*. Je pressens que quelque chose cloche, sans pouvoir le pointer. Je réitère mes conseils de prudence et L. me quitte moyennement satisfait. Je laisse doucement infuser les paroles du *Yi* durant la nuit. Ne dit-on pas que celle-ci « porte conseil » ? Le matin, l'information jaillit comme une évidence. Je téléphone à L. pour lui demander s'il a visité le grenier de la maison. Il me promet de le faire. Il me rappelle pour m'annoncer qu'il n'a pas signé le compromis de vente car la poutre maîtresse ploie sérieusement et les travaux à envisager sont d'un coût trop élevé. Le texte devait s'interpréter au sens propre.

EN PRATIQUE

UN OBJET RETROUVÉ

M.A. a suivi ma formation en *Yi Jing*. Un jour, elle perd ses clés et interroge. Son intuition lui fait comprendre que son trousseau est quelque part, sous la verrière inclinée (*Déséquilibre*) de son lieu de travail. La réponse trop imprécise à son goût, elle demande encore (se reporter à l'hexagramme 30).

HEXAGRAMME 29, *KAN* DANGER

La répétition du même trigramme, Eau, compose l'hexagramme 29. La situation s'annonce difficile, voire périlleuse. L'hexagramme 29 nous confronte à nos peurs. Les dépasser est une épreuve qui renforcera notre courage. Selon l'attitude adoptée et le trait concerné, la traversée peut s'effectuer plus ou moins difficilement.

L'ABRÉGÉ

De l'Eau, encore de l'Eau, seul un cœur confiant engendre la prospérité, son action est honorée.

Danger est un hexagramme double ou dit « pur », constitué de deux fois le trigramme Eau. L'eau est l'élément fondamental de la vie, mais également synonyme de menace dans la Chine ancienne car associé aux crues des grands fleuves. Le contexte est difficile, il faut s'armer de courage et considérer le problème comme la source dissimulée d'un grand bienfait.

LES TRAITS

1. *Plonger dans un abîme, infortune.*
Un manque de fermeté ou une tendance à se laisser emporter fait perdre le chemin.

2. *Demander, obtenir peu.*
Face à un problème, on obtiendra une maigre satisfaction.

3. *Danger devant et derrière, impossible d'entreprendre.*
On est dans une impasse, cerné, encerclé. Il est impossible d'entreprendre quoi que ce soit.

4. *Une coupe de vin, deux pots de céréales.*
Des objets rituels suggèrent une protection à celui qui prie.

5. *Le centre n'est pas grand.*
La période est mauvaise, on ne peut être exigeant.

6. *Attaché avec des cordes, enchevêtré dans un buisson de ronces pendant trois ans, perte de la Voie.*
Quand on est ligoté comme un prisonnier, il est vraiment difficile de s'en sortir. Les *trois ans* suggèrent une période de temps relativement longue.

EN PRATIQUE

UN DANGER ÉVITÉ

C'est un bel été, je longe la plage de l'abbaye bretonne en compagnie de mes amies/élèves. Au loin, nous apercevons D., notre senior, et agitons la main en signe de reconnaissance. Malgré son âge, D., ancien professeur d'éducation physique et sportive, conserve un beau maintien. Il a apporté son canoë et s'apprête à le mettre à l'eau, malgré la mer agitée. Soudain, nous le voyons s'écrouler à terre. Nous nous précipitons vers lui. Il est assis sur les fesses et se tient la cheville en grimaçant. Immédiatement, je me concentre, invite l'énergie à m'aider et entoure la cheville de D. avec mes mains à distance. Je sais que mes amies silencieuses se concentrent également. La douleur s'atténue et passera dans la journée. Cependant, l'état très enflé de la cheville m'inquiète. Je pense à une entorse et continue mes soins.

En utilisant la technique rapide de bibliomancie, à savoir l'esprit centré sur la question, les yeux mi-clos et le doigt posé sur un passage, j'ouvre le *Yi*. Je comprends que la chute de D. l'a empêché de prendre son canoë. Entre-temps, la mer est devenue sombre et houleuse. L'incident a sans doute protégé D. d'un plus grand *Danger*.

D. attend la fin du stage pour rentrer, il est venu en voiture avec sa femme et s'obstine à vouloir conduire. Au retour, je les appelle pour savoir comment le voyage s'est déroulé et le résultat de sa consultation médicale. Le tendon d'Achille est totalement rompu et le médecin ne comprend pas comment D. a pu conduire des centaines de kilomètres sans la moindre douleur.

HEXAGRAMME 30, *LI* CLARTÉ

Un même trigramme en haut et en bas, Feu redoublé, brille et éclaire en toute splendeur mais au risque d'éblouir, d'aveugler ou même de brûler. Il ne faut pas jouer avec le Feu. Clarté est également synonyme d'adhérence : pour se maintenir, il faut un support. Causes et conditions sont indissociables de toute existence. C'est l'interdépendance qui relie les choses et les êtres entre eux.

L'ABRÉGÉ

Clarté, la persévérance est favorable. Élever la bufflonne est faste.

La lumière inonde toute chose, l'esprit en est éclairé. La *bufflonne* est un symbole d'abondance.

LES TRAITS

1. *Attitude respectueuse.*
Sérénité intérieure et respect extérieur éviteront d'éventuels déboires.

2. *Splendeur dorée, hautement faste.*
Excellent augure.

3. *Soleil couchant, néfaste.*
La lumière décline provisoirement : moment passager qu'il convient de traverser sans se lamenter.

4. *Arrivée soudaine.*
L'embrasement est aussi vif que soudain et l'instabilité pénible.

5. *Larmes, faste.*
Les pleurs et soupirs sont légion. Cependant, la prise de conscience est positive.

6. *Expédition armée, hors d'atteinte.*
Une remise en ordre s'avère nécessaire.

EN PRATIQUE

AU PAYS DES PHARAONS

M.C. finit sa carrière à l'Institut des relations internationales de Paris et souhaite vivre sa retraite au Caire. Sans attaches, par désarroi (?), elle semble prête à emmener son chat dans le tumulte de la capitale égyptienne. Son arabe est balbutiant et laborieux, au contraire de l'anglais qu'elle maîtrise parfaitement. Elle envisage de travailler bénévolement pour une ONG.

Clarté est composé de deux fois le trigramme Feu. L'hexagramme me déclenche des visions de soleil de plomb, de lumière aveuglante et de chaleur insupportable. M.C. est une femme au physique maigre et sec, capable d'endurer un climat désertique. J'abandonne les images qui m'assaillent, lambeaux de souvenirs d'un voyage de jeunesse. L'abrégé est plutôt bon, le trait 4 apporte une nuance. La décision de changer de pays est-elle trop précipitée ? M.C. ne veut pas en savoir davantage.

Des années plus tard, la situation politique instable de l'Égypte contraindra M.C. à revenir sur ses pas.

EN PRATIQUE

UN OBJET RETROUVÉ (2)

Le *Yi* complète ici la quête de M.A., à la recherche de ses clés perdues (voir hexagramme 28 bis). La finesse d'interprétation de M.A. lui fait reconnaître un endroit précis de la verrière, plus particulièrement éclairé par la lumière extérieure. À l'intersection des deux indications données, sur une étagère, elle découvre avec une joie enfantine son trousseau de clés.

Cet exemple illustre simplement qu'il est utile de procéder à des associations d'idées, de laisser son imagination vagabonder ou plus prosaïquement de faire preuve de bon sens.

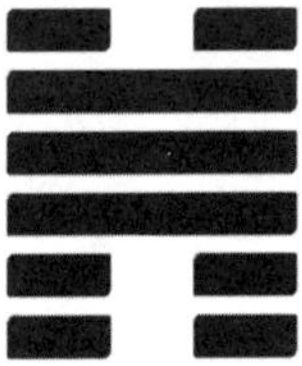

HEXAGRAMME 31, *XIAN* INTERACTION

Les trigrammes, Lac au-dessus de la Montagne, allient la joie à la stabilité. Le terme *Xian* signifie à la fois influencer et tous (totalité). Le contact entre les deux trigrammes, celui de la jeune fille du Lac et du jeune homme de la Montagne, est stimulant et réciproque. La communication, l'entente, mais aussi l'harmonie et la stabilité sont parfaites.

L'ABRÉGÉ

Interaction, prospérité, il est avantageux de persévérer et faste d'épouser une femme.

Le temps est à la communication interactive, symbolisée par une union forte.

LES TRAITS

1. *Interaction au niveau des orteils.*
La stimulation démange, mais il est trop tôt pour y répondre.

2. *Interaction au niveau des mollets, infortune ; séjourner est faste.*
Lorsqu'on est trop pressé d'entrer en relation, il convient de se calmer afin de mieux accueillir ce qui se présente.

3. *Interaction au niveau des fesses, avancer est néfaste.*
La dynamique reste la même, et le *Yi* réitère le conseil d'immobilité.

4. *Persévérance faste, amitié, lumière faible.*
La rencontre est amicale, mais le rayonnement restreint, du fait d'un esprit encore inquiet.

5. *Interaction au niveau du dos, sans regret.*
L'influence semble moins superficielle, cependant on pourrait s'attendre à mieux.

6. *Interaction au niveau de la mâchoire.*
L'interaction passe par la parole. On communique pour le plaisir ou la flatterie, mais tout cela reste bien frivole.

EN PRATIQUE

UN CHANGEMENT D'ADRESSE

La numérologie occidentale, d'après la date de naissance d'un individu, calcule son chemin de vie et le réduit à un chiffre clé. Le mien est le 4, redoublé par son ascendant 4, caractérisé par la passion du travail et dans lequel rien ne passe inaperçu. L'hexagramme 4 a pour nom *Initiation*, illustrant ma profession d'enseignante. J'ai successivement été domiciliée au 48, puis au 4 deux fois de suite, exception faite de mon passage à Paris. Je vivais alors au 5, rue du Printemps. J'étais au printemps de ma vie, en transition entre l'Éducation nationale et mon enseignement du qi gong, sachant que l'hexagramme 5 se nomme *Attente*. Je viens de créer mon association (voir hexagramme 50) et de vendre mon appartement parisien. Je suis à la recherche d'un nouveau domicile. Je n'en visiterai qu'un seul, situé au 31. En additionnant les deux chiffres, je retrouve le 4. Cela ne me suffit pas pour me décider et je me sers du *Yi* afin de me rassurer ou pas.

L'hexagramme 31 Interaction illustre une dynamique de stimulus/réaction, traite des rapports humains dans une relation stable, harmonieuse et joyeuse. Les conditions me semblent réunies pour me lancer dans l'acquisition de l'appartement et dans ma nouvelle activité professionnelle. Au cours de la signature chez le notaire, j'apprends que mon appartement porte le numéro 44.

Aujourd'hui, j'ai agrégé une petite communauté autour de moi, composée de mes élèves et amis.

HEXAGRAMME 32, *HENG* PERMANENCE

Le trigramme supérieur Tonnerre symbolise le mouvement, pérennisé par l'action du trigramme inférieur Vent. Permanence s'inscrit dans la durée, le temps nécessaire pour comprendre (le sens du *Yi*, notamment) et résoudre ainsi la problématique. L'hexagramme 32 exige une certaine forme de constance. La notion fondamentale de l'impermanence s'accompagne ici de l'idée de mutations et de durée. Elle peut paraître paradoxale. Seule l'impermanence est permanente.

L'ABRÉGÉ

Permanence, prospérité, hors d'atteinte. La persévérance est favorable, il est avantageux d'avoir où aller.

La persévérance est une qualité, sans laquelle rien n'est possible. Elle nécessite un engagement dans le temps.

LES TRAITS

1. *Prématuré de rechercher la profondeur, insister est néfaste.*
L'attitude est impulsive et déraisonnable. Rien ne sert de se précipiter et d'anticiper.

2. *Les regrets disparaissent.*
Le présage est favorable. On se situe au juste milieu. La stabilité est assurée.

3. *Ne pas persister dans la vertu, honte, difficultés.*
Nervosité et agitation succèdent au calme du trait précédent. Il s'ensuit immanquablement certaines conséquences, désagréables si ce n'est fâcheuses.

4. *Pas de gibier dans le champ.*
Beaucoup de peine n'engendre ici aucun résultat : seul un retour au calme permettra d'améliorer les choses.

5. *Persister dans la vertu, faste pour la femme, néfaste pour l'homme.*
Un comportement flexible et malléable comme celui d'une femme est correct, mais inapproprié pour un homme.

6. *Se mouvoir rapidement, néfaste.*
L'impétuosité, la nervosité ne sont pas de bons moyens pour atteindre Permanence.

EN PRATIQUE

UN EXEMPLE À NE PAS SUIVRE

Je reçois N. avec d'emblée un certain malaise. Cet homme ne respire pas la santé, comme le suggèrent son teint grisâtre, son regard instable et sa tenue négligée. À peine arrivé, il me déverse un flot de questions qui s'entrechoquent. Son discours est confus, son débit précipité, à la limite de la logorrhée. Pour essayer d'y mettre un semblant d'ordre, je tente de reformuler ses paroles qui frôlent l'incohérence.

D'après ce que je comprends, non seulement, c'est un habitué du *Yi*, mais plus encore, il l'interroge lui-même sans cesse. Il veut donc confirmation de ses nombreuses et nébuleuses interprétations. Il est totalement dépendant de l'oracle, jusqu'à l'absurde, même le choix d'une huile essentielle lui est soumis. N. a perdu tout libre arbitre et toute autonomie. Il ne sait plus faire un pas sans le *Yi*. C'est un véritable cas pathologique de névrose obsessionnelle.

J'essaie de lui faire comprendre que le *Yi* n'est pas un jeu, et qu'on ne l'interroge pas pour un oui ou un non. Je lui propose de demander ce qu'il en est de sa relation avec le *Livre*. Dans sa précipitation à tirer les pièces, je crois qu'il n'a même pas entendu ma suggestion.

L'hexagramme 32, Permanence, s'inscrit dans la durée et le titre à lui seul résume bien la situation. Nul besoin de lire l'abrégé auquel N. s'accroche comme à une bouée de sauvetage. Les traits 1 et 3 – *Insister est néfaste* et… *ne pas persister* – confirment son attitude. Difficilement, au bout d'une séance qui m'aura paru aussi interminable que rebutante, je parviendrai à lui faire accepter qu'il est grand temps de partir. N. se rappellera à mon mauvais souvenir : il me harcèlera par téléphone pendant… un certain temps.

Aujourd'hui, je serais en mesure de le remercier de s'être déplacé et le congédierais sans scrupule. À l'époque, je débutais dans mes consultations et souhaitais tellement pouvoir aider…

HEXAGRAMME 33, *DUN* RETRAITE

La vastitude de l'espace, représentée par le trigramme supérieur Ciel, ainsi que l'immobilité et l'isolement du trigramme inférieur Montagne expriment toute la symbolique de Retraite. L'art de reculer, de se retirer, ou comment se replier dans des périodes sombres ou lorsque le rapport de force est inégal. Cette attitude évitera bien des déboires, mais le retrait doit s'effectuer au moment opportun et graduellement.

L'ABRÉGÉ

Retraite, prospérité, petit avantage à demeurer persévérant.

Les temps sont durs, se retirer ou reculer est la seule stratégie valable.

LES TRAITS

1. *Se retirer derrière les autres, ne pas avancer.*
Rester à l'arrière sans chercher à avancer est une sage précaution.

2. *Attachés avec du cuir de buffle jaune.*
On résiste, on se refuse à lâcher prise.

3. *Retraite ligotée, risque de fatigue, impossibilité pour de grandes choses.*
On souhaite fuir, mais ce départ est empêché. Le champ d'action est restreint.

4. *Retraite bonifiante pour le Sage, impossible pour les hommes ordinaires.*
Présage variable selon les individus : heureux pour le Sage, difficile pour les autres.

5. *Retraite magnifiée.*
La rupture est réussie.

6. *Retraite en envol, sans aucun doute.*
Aucune contre-indication à se détacher.

EN PRATIQUE

UN COUPLE MEURTRI

V. me confie les souffrances qu'elle endure, depuis presque trente ans, avec son époux alcoolique. Elle me le décrit en termes peu amènes, pour ne pas dire malséants. Je comprends sa colère et son aigreur, mais pense également avec tristesse à la désolation du mari. Elle est « au bout du rouleau », me dit-elle. Les enfants ont grandi, se sont mariés à leur tour et ne veulent plus voir leur père. V. parle de divorce, elle craint de devenir folle. Mais comment partir quand on partage la même vie, la même maison depuis si longtemps ? La question des ressources financières, bien que V. occupe un poste de responsable dans une banque, la taraude.

L'hexagramme Retraite est celui de l'art de reculer dans les périodes sombres, afin de se protéger. Rien ne sert de faire face au danger, il vaut mieux fuir ou prendre du recul pour éviter les ennuis. V. semble déçue et répète : « Et la maison, et l'argent ? » Le trait 2 – *Attachés avec du cuir de buffle jaune* – révèle un lien trop fort, trop ancien et un attachement au passé ou à l'argent. Le *buffle* est un animal lourd, enraciné dans la terre. V. résiste, privilégie les aspects pécuniaires au détriment de ses propres liberté et santé. Je lui suggère un éloignement temporaire. On ne peut pas contraindre une personne à écouter un message, si elle n'est pas prête à le recevoir.

Quelques années plus tard, je la reverrai. Elle exprimera ses regrets de ne pas avoir suivi la voie de la sagesse. Il lui aura fallu être atteinte d'un cancer du sein pour prendre conscience et qui sait, franchir le pas…

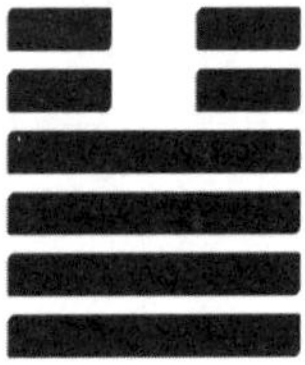

HEXAGRAMME 34, *DA ZHUANG* GRANDE PUISSANCE

La force de l'hexagramme réside dans la combinaison de ses trigrammes : en haut, Tonnerre, dont les coups expriment sa vigueur et en bas, Ciel, dont la fermeté agit en renfort ou en soutènement comme un étai. Grande Puissance exprime une telle force que celle-ci doit être maîtrisée afin de ne pas blesser autrui ou se croire tout-puissante.

L'ABRÉGÉ

Grande Puissance, la persévérance est favorable.

Indissociable d'une grande force, la persévérance est indispensable pour mener à bien son action.

LES TRAITS

1. *Force dans les orteils, avancer est dangereux.*
Ne pas se laisser entraîner par la vigueur présente : chercher à se mouvoir serait préjudiciable.

2. *Persévérance favorable.*
Les conditions sont bonnes si toutefois l'énergie est maîtrisée.

3. *Les gens ordinaires utilisent la force, le Sage ne l'utilise pas.*
L'utilisation de la force physique est source de difficulté. La force spirituelle du Sage est efficace et bénéfique.

4. *Persévérance favorable, la haie s'ouvre.*
Les difficultés s'amenuisent, la route se dégage.

5. *Le bélier change.*
Le bélier, symbole du *yang*, gagne en souplesse. C'est un bon début.

6. *Le bélier heurte la haie, les conditions sont difficiles mais peuvent être favorables.*
La situation semble bloquée, mais si l'on s'est bien préparé, on peut la surmonter sans trop de dommages.

EN PRATIQUE

UNE NOUVELLE ORIENTATION

A. est une quadragénaire dynamique. D'un physique agréable, le sourire aux lèvres, elle déborde d'énergie. Secrétaire dans un cabinet d'avocats, elle termine une formation de naturopathe et aimerait vivement trouver des partenaires pour ouvrir un cabinet. Quitter son emploi, dans lequel elle s'ennuie fermement, ne lui fait pas peur. Elle a entendu parler du *Yi* pendant ses études. Elle souhaite juste s'entendre confirmer qu'elle est sur la bonne voie.

Grande puissance est un immense réservoir d'énergie et ressemble étonnamment à l'impression laissée par A. Le trait 1, stade initial de tout commencement, avertit et prévient. La grande envie de bouger est excessive, ce n'est pas encore le moment ou bien les circonstances ne sont pas favorables. Le *bélier* du trait 5 est un animal fougueux, qui fonce tête baissée et cornes en avant. Une confiance en soi immodérée peut générer des soucis, voire des échecs. Ces éventuels ennuis nous livrent une leçon pour apprendre à se maîtriser, à modifier son attitude. C'est en ce sens, que le trait affirme que *le bélier change*. A. est intelligente et entend bien le message.

La dernière fois que j'ai eu de ses nouvelles, A. était toujours dans le cabinet d'avocats et complétait son cursus en suivant une formation de massages.

HEXAGRAMME 35,
JIN
AVANCÉE ÉCLAIRÉE

À la manière du soleil qui apparaît à l'horizon, le trigramme supérieur Feu émerge du trigramme inférieur Terre. Feu sort de l'obscurité, s'élève dans le Ciel et répand une lumière de plus en plus intense au fur et à mesure de son élévation. Avancée éclairée est un temps de réussite qui récompense une série d'efforts. L'hexagramme 35 prône la reconnaissance.

L'ABRÉGÉ

Avancée éclairée, le Prince pacificateur est nanti d'un nombre incommensurable de divers chevaux et reçu trois fois en audience en une seule journée.

Il est question de progrès et de lumière. Le Prince pacificateur est emblématique. Il gouverne avec bienveillance. Il est très apprécié puisque gratifié de chevaux et reçu en audience car on écoute sa parole.

LES TRAITS

1. *Tantôt Avancée éclairée, tantôt recul ; vastitude, hors d'atteinte.*
Progression et régression alternent dans cette première phase, sans doute la marque d'une hésitation. La constance portera ses fruits puisque l'objectif est noble.

2. *Tantôt Avancée éclairée, tantôt tristesse ; la persévérance est faste.*
Les qualités sont présentes mais la situation n'est pas encore propice à leur développement. Ne pas se décourager.

3. *La foule accorde sa confiance.*
La progression est concrète. On a accumulé un savoir et on peut compter sur un soutien.

4. *Avancée, comme celle d'un rat, présage de danger.*
Le *rat* a pour caractéristiques d'être avide et ambitieux. On espère une progression mais sans posséder les qualités requises.

5. *Ne pas se préoccuper des pertes et des gains, bénédiction.*
Il est préconisé de se détacher des avantages et inconvénients, car ils sont secondaires par rapport à la progression.

6. *Avancée avec les cornes, le chemin n'est plus éclairé.*
Tenter de dépasser le point culminant est malvenu, on ne peut aller au-delà.

EN PRATIQUE

UN CHANGEMENT DE TRAVAIL

C. vit en province et suit régulièrement des cours de qi gong. Elle participe chaque année à l'un de mes stages. C'est une élève assidue, très sérieuse (trop sérieuse ?) et elle pratique quotidiennement les divers enchaînements. Elle exerce le métier de fleuriste, dans une petite boutique qui lui appartient. C. envisage un jour de revendre son magasin pour enseigner à son tour. Je lui conseille de passer des examens au sein de la Fédération nationale de qi gong afin d'obtenir une reconnaissance officielle. Son manque de confiance l'amène à interroger le *Yi*.

Avancée éclairée est une lente et lumineuse ascension, signe d'un avenir prospère. C'est aussi l'hexagramme de la mise en valeur de ses propres capacités afin de diffuser la lumière de l'énergie. Par le redoublement de l'adverbe *tantôt*, le trait 2 marque des changements consécutifs et plus ou moins fréquents d'un état à un autre. La tâche est difficile, elle exige courage et détermination. Il est possible que le projet soit prématuré. Travailler sur l'instabilité du ressenti en se renforçant intérieurement, telle est la recommandation du *Yi*.

C. poursuivra son chemin à son rythme, elle approfondira le qi gong avec le grand maître chinois Wei Qi Feng. Aujourd'hui, elle a enfin réussi à vendre son magasin et donne les cours qu'elle souhaitait.

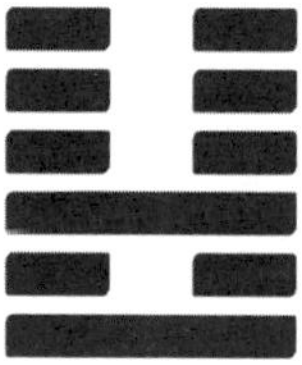

HEXAGRAMME 36, *MING YI* LUMIÈRE VOILÉE

Le trigramme inférieur Feu est obscurci, étouffé par le trigramme supérieur Terre. *Ming Yi* signifie « le soleil blessé se cache ». La lumière est éclipsée, recouverte par les ténèbres. Les temps sont particulièrement durs. La prudence est de mise et il est inutile de se révolter. Les difficultés contraignent à dissimuler sa propre lumière. Il s'agit d'accepter l'épreuve pour la traverser au mieux.

L'ABRÉGÉ

Lumière voilée, conserver la persévérance dans les difficultés est avantageux.

Durant une période sombre et contraignante, il nous est recommandé de garder courage et persévérance.

LES TRAITS

1. *Lumière voilée, envol de l'oiseau, les ailes abaissées.*
À la manière d'un oiseau qui rabat discrètement ses ailes, il convient de s'éloigner de la situation pressentie comme difficile.

2. *Lumière voilée, blessure à la cuisse gauche, s'aider d'un cheval puissant, faste.*
La lumière est atteinte, mais pas encore éteinte. Des forces extérieures sont présentes pour s'extirper de ce bourbier.

3. *Lumière voilée, chasser au sud est couronné de succès.*
Chasser au sud signifie rechercher la lumière pour la restaurer. Il s'agit de le faire sans hâte, mais avec constance.

4. *Pénétrer par le flanc gauche pour approcher le cœur.*
On s'enfonce dans l'obscurité pour en comprendre le sens.

5. *Lumière voilée comme le Prince Ji Zi, persévérance.*
Tel le personnage cité, il faut savoir camoufler sa juste perception des événements tout en restant fidèle à son idéal.

6. *Obscurité totale, perdre le principe.*
On bascule dans l'obscurité.

EN PRATIQUE

UN DÉSIR D'ENFANT INASSOUVI (1)

M. est une jeune trentenaire, qui aime profondément son compagnon de vie. Elle aspire ardemment à devenir mère. Ce n'est qu'à la suite de l'échec répété de trois tentatives de fécondation *in vitro*, qu'elle se décide à consulter. Je ne connais pas grand-chose aux FIV, mais crois savoir que le pourcentage de réussite de cet acte médical augmente significativement au fur et à mesure des essais. M. me le confirme, la troisième tentative devait être la bonne, avec plus de 90 % de chance de succès. L'horloge biologique s'accélère et elle redoute le moment où il sera trop tard. Mon premier élan est de la rassurer, elle a encore du temps devant elle.

Lumière voilée est l'image d'une éclipse solaire, le Soleil se cache derrière la Lune, sans perdre pour autant sa luminosité. Un proverbe espagnol ne dit-il pas que le moment le plus sombre se situe juste avant le lever du soleil ? L'hexagramme traite de temps difficiles qu'il faut savoir traverser avec force d'âme. Le trait 2 annonce une *blessure*, mais également le soutien d'un *cheval puissant*, le compagnon de M.

Les épreuves sont bien souvent des opportunités pour progresser et développer patience et endurance. Le trait 3 conseille le mouvement – *chasser* – afin de restaurer la lumière intérieure et réussir.

M., le cœur lourd, peine à comprendre ce qu'elle doit envisager de faire. Je l'engage à venir essayer un cours de qi gong, qui calmera son angoisse, et je lui propose de demander l'avis du *Yi*. Il sera développé dans l'hexagramme 40.

HEXAGRAMME 37, *JIA REN* FAMILLE

Le trigramme supérieur Vent entretient le trigramme inférieur Feu. Famille est la cellule de base et représente un dispositif qui regroupe des hommes : une lignée, un clan, un groupe, une école de pensée, un village… Chacun y trouve sa place, son rôle. Organisation, hiérarchie et règles garantissent la transmission et assurent la perpétuation.

L'ABRÉGÉ

Famille, la persévérance de la femme est favorable.

Famille, au sens large, n'existe que par le rôle primordial de la femme, qui engendre, nourrit et organise.

LES TRAITS

1. *Famille protégée.*
La structure, le cadre sont garantis.

2. *Sans autorisation, préparation des repas à l'heure, juste et faste.*
La femme ne décide pas (*sans autorisation*), mais sustente Famille. L'ordre et la prospérité règnent.

3. *Famille en plainte, mère et fils rient aux éclats, perte de la modération.*
On vacille entre trop ou pas assez d'autorité.

4. *Famille s'enrichit, grandement faste.*
L'atmosphère est détendue, l'énergie circule bien et Famille est aisée.

5. *L'Empereur montre le bon exemple au sein de sa Famille.*
Le rôle de l'homme ou du dirigeant est dignement assumé.

6. *Garder la confiance, faste.*
La confiance cimente les relations entre les membres de Famille.

EN PRATIQUE

MAMAN, OÙ ES-TU ?

Maman, atteinte de la maladie d'Alzheimer, vit encore dans son domicile parisien. Ma sœur et moi tenterons de l'y maintenir le plus longtemps possible, avec un encadrement serré de nous-mêmes, d'aides à domicile, d'orthophonistes, d'infirmiers...

Inexorablement, la maladie progressant, maman entame une période de fugues pathologiques, caractéristiques de cette sénescence dégénérative. Elle oublie ou ne sait plus qu'elle habite chez elle et quitte de plus en plus fréquemment son appartement pour... rentrer à la maison. Lorsque, immanquablement, elle se retrouve seule pour une heure ou deux, nous instaurons une surveillance à distance, en lui téléphonant tour à tour, afin de garder le contact.

Un jour, ma sœur m'annonce que maman ne répond pas, qu'elle a probablement dû fuguer comme bien d'autres fois et que c'est à mon tour de prévenir le commissariat de l'arrondissement, qui commence à connaître la problématique familiale. Ses disparitions inopinées provoquent à chaque fois en moi une poussée d'adrénaline, accompagnée d'une montée d'angoisse incontrôlable. Dans quel état a-t-elle quitté son appartement ? Est-elle suffisamment couverte par ces temps d'hiver ? Va-t-on la retrouver rapidement et sans dommage ?

Je n'ai ni le temps de réfléchir, ni celui d'interroger le *Yi*. Dans ma précipitation, je ne fais qu'ouvrir le *Livre* à l'instinct (se reporter aux modalités dans l'hexagramme 29). Je viens de tomber sur la page de l'hexagramme 37 Famille, *Jia Ren* en chinois. *Jia* signifie maison, logis, foyer, habiter, famille, parenté, clan et *Ren* l'être humain, les gens. Mais maman n'est plus chez elle et j'espérais l'indication d'une piste et non une description de ce qui n'est pas.

En route pour le commissariat, un nouvel appel de ma sœur me fait renoncer à la démarche de déclaration d'une personne disparue. Maman était chez sa voisine de palier. Le *Yi*, encore une fois, ne s'est pas trompé.

HEXAGRAMME 38, *KUI* SÉPARATION

Les trigrammes, Feu en haut sur Lac en bas, sont intrinsèquement de nature différente, voire opposée. Feu suit un mouvement ascensionnel et l'eau du Lac un mouvement descendant, leur lien se distend. L'hexagramme 38 est celui des antagonismes affichés. Il est difficile de s'entendre, la confrontation ou l'incompréhension sont présentes. Il s'agit de dépasser les divergences d'opinions par la recherche des points communs, seule stratégie possible.

L'ABRÉGÉ

Séparation, faste pour de petites choses. Deux femmes cohabitent, mais leur volonté diverge.

Incompréhension mutuelle pour des faits mineurs, Séparation est l'occasion de chercher l'unité dans le malentendu.

LES TRAITS

1. *Perte du cheval, il revient de lui-même. Voir des êtres mauvais permet d'éviter des déboires.*
La perte n'est que provisoire. Changer son regard permet de dépasser des préjugés souvent trompeurs.

2. *Rencontrer un maître dans une ruelle, hors d'atteinte.*
Quel que soit le lieu, la rencontre est fatidique et nécessaire pour ne pas s'égarer.

3. *Voir un char qui recule, blessure au nez ; sans commencement, réalisation.*
Stagnation, blessure... la situation n'est guère favorable ; cependant, le résultat est prometteur.

4. *Séparation qui isole, rencontre en confiance, hors d'atteinte.*
Malgré la solitude imposée, l'oracle prédit une rencontre favorable.

5. *Mordre la peau du clan familial, avancer est une bénédiction*
Retrouver les siens dans une relation authentique.

6. *Séparation qui isole, voir un cochon recouvert de boue, un char chargé de fantômes. D'abord tendre l'arc, puis le détendre, faste.*
L'atmosphère lourde et chargée de tension se désagrège et fait place à l'apaisement.

EN PRATIQUE

QUESTION DE CHOIX (2)

Cet exemple est la suite de l'hexagramme 17.

A. demande s'il doit conserver son poste actuel. La réponse résonne dans le titre de l'hexagramme. Séparation implique son départ. L'abrégé – *faste pour de petites choses* – insinue que son avenir professionnel évoluera modestement. La deuxième phrase – *Deux femmes cohabitent, mais leur volonté diverge* – laisse mon consultant pantois. Il l'associe instantanément aux deux secrétaires, en bisbille du matin au soir, qui peuplent son environnement de travail. Le trait 1 indique l'éventuelle perte provisoire de son emploi, s'il opte pour le départ. *Voir des êtres mauvais* correspond à sa prise de conscience d'être cerné par des éléments négatifs ; les relations avec ses collègues sont disharmonieuses. Le trait 4 souligne son isolement momentané et *rencontre en confiance* évoque le premier contact qu'il a déjà eu avec sa future entreprise.

La réponse semble assez claire, mais pour être plus sûrs, nous formulons l'ultime interrogation : « Quid si je pars ? » C'est l'hexagramme 63.

EN PRATIQUE

UNE GRAND-MÈRE INQUIÈTE (1)

M. est une amie de longue date. Elle se tourmente pour sa petite-fille, Ma., âgée de 19 ans. Celle-ci vit chez sa mère, la fille de mon amie. Leurs rapports sont difficiles, voire très difficiles. Le père, un homme de nature violente, a mal accepté le divorce. *Que va devenir Ma. ?*

L'hexagramme brut prédit que Ma. va quitter le domicile maternel. Environ dix mois s'écoulent avant la réalisation de l'oracle.

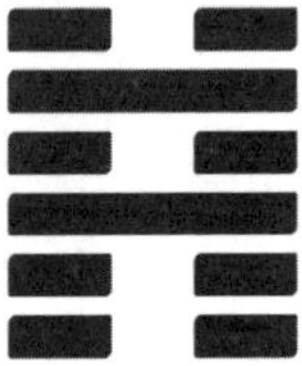

HEXAGRAMME 39, *JIAN* DIFFICULTÉ

Il pleut sur la Montagne, la visibilité est brouillée et se repérer ou avancer devient de plus en plus malaisé. Le trigramme inférieur Montagne représente l'obstacle et le trigramme supérieur Eau un danger. Comme son nom l'indique, Difficulté est source d'ennuis. L'existence comporte des périodes contraignantes. Il convient de relativiser le problème en le replaçant dans un contexte plus vaste. Demander conseil, se replier – Montagne est également associé à la méditation et au calme qu'elle engendre – évite de se décourager.

L'ABRÉGÉ

Difficulté, le sud-ouest est avantageux, le nord-est ne l'est pas. Il est favorable de voir un Grand Homme, la persévérance est faste.

Les obstacles sont réels, on a besoin d'un guide pour les surmonter et s'orienter. Les directions cardinales, liées à des faits historiques ou énergétiques, symbolisent davantage les tendances à se mouvoir (nord-est) ou à demeurer (sud-ouest).

LES TRAITS

L'obstruction, bien présente, est soulignée par la répétition de Difficulté à chacun des traits, comme pour cadencer et marteler le texte. Le rythme particulier de cet hexagramme est accentué par la reprise des verbes « avancer » et « venir », qui résonnent comme une antienne. « Avancer » suggère un mouvement vers l'avant et l'extérieur ; « venir » implique un retour vers soi et l'intériorité.

1. *Avancer, Difficulté ; venir, éloges. Attendre.*
On patauge. Demeurer prudent, différer l'action est la seule marge de manœuvre possible.

2. *Roi et serviteur rencontrent Difficulté sur Difficulté. Ce n'est pas leur personne qui est en cause.*
Les difficultés s'enchaînent et ne dépendent pas des personnages ou de leur fonction. Le moment n'est tout simplement pas opportun.

3. *Avancer, Difficulté ; venir c'est effectuer un retour.*
Il faut revenir sur ses pas et non courir vers l'avant.

4. *Avancer, Difficulté ; venir mène à l'union.*
Même conseil qu'au trait précédent, nuancé par une alliance profitable.

5. *Grande Difficulté, les amis de cœur viennent.*
Au plus profond de Difficulté s'opère un mouvement de soutien et d'entraide.

6. *Avancer, Difficulté ; venir conduit à la fortune, faste.*
En conservant la même attitude de retour sur soi, tout ira bien.

EN PRATIQUE

L'ÉPIDÉMIE DE LA COVID-19

Les grèves de l'année écoulée ont déjà impacté mon activité lorsque la Covid-19 fait son apparition. Pressentant le confinement, je réussis à quitter Paris et m'exile chez ma sœur en province. Au lieu de rester claquemurée en ville, ce séjour en Limousin devrait me permettre de pratiquer dans un espace verdoyant et serein. Durant le premier mois, une joie intérieure m'habite. La situation se prolonge et l'inquiétude renaît de ses cendres. Je n'ai aucune couverture salariale et me demande quand je pourrai reprendre mon travail.

En général, le *Yi* ne répond pas aux questions temporelles ; dans quelques cas, il donne de vagues indications symboliques (ce sera long, très long ou au contraire rapide ou relativement prompt). Dans le cas présent, l'hexagramme insiste sur la difficulté rencontrée. Le contexte est contraignant. Le *sud-ouest est avantageux* signifie la non-intervention et, curieusement, correspond à la géolocalisation de mon refuge. De même, *le nord-est* est la direction cardinale de mon logement et de mon activité, et représente l'action, voie sans issue dans laquelle je risque de m'épuiser. Le trait 1 confirme mon impuissance, conseille l'immobilité (*attendre*) et implicitement suggère *patience et longueur de temps*. Le trait 5 suppose que la situation va perdurer – *grande difficulté* – mais également que je ne suis pas seule (*les amis de cœur*). Dois-je y corréler l'accueil chaleureux de ma sœur et de mon beau-frère ?

À mon retour, j'aurai des preuves touchantes de solidarité de la part de certains élèves.

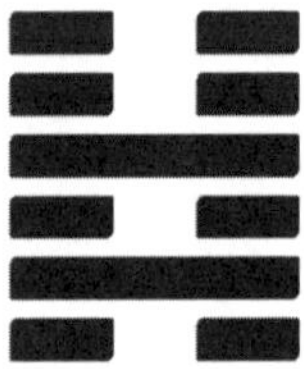

HEXAGRAMME 40, *XIE* LIBÉRATION

L'orage éclate enfin, la tension se dénoue, c'est le soulagement. Le trigramme supérieur Tonnerre se fait entendre et libère le trigramme inférieur Eau, qui se déverse en une pluie rafraîchissante. Les problèmes, blocages et empêchements se dissolvent, les inquiétudes se dissipent. C'est une authentique délivrance, un véritable lâcher prise.

L'ABRÉGÉ

Libération, le sud-ouest est avantageux, ne pas avancer, cela vient en retour, faste d'avancer, rapidement faste.

Le paysage est sans obstacle, mais pour pouvoir redémarrer après une période lourde, le non-agir (*le sud-ouest*) est conseillé. Intervenir serait prématuré et inutile puisque la Libération viendra d'elle-même.

LES TRAITS

1. *Hors d'atteinte.*
L'harmonie est juste et confère une sorte de protection.

2. *Chasser et capturer trois renards, obtenir une flèche jaune.*
Le butin est gratifiant.

3. *Porter des charges et voyager en char provoque l'arrivée des bandits.*
L'ostentation est tentatrice et dangereuse ou bien on occupe une place qui n'est pas la nôtre.

4. *Se libérer de l'orteil, les amis de cœur arrivent et la confiance s'installe.*
Les choses ont évolué. Le cœur plus léger, l'esprit plus clair, on met en relation les éléments environnants, dont des rencontres enrichissantes.

5. *Le Sage se libère, les hommes ordinaires se retirent*
Par sa force intérieure, le Sage dénoue ses entraves et sert de modèle aux autres. Cependant, ces autres ne sont pas toujours dotés des capacités nécessaires à leur propre évolution.

6. *Le Duc tire une flèche sur un rapace nuisible, posé sur un mur élevé.* Pour que l'action soit réussie, le but doit être précis, les moyens efficaces et le temps adéquat.

EN PRATIQUE

UN DÉSIR D'ENFANT INASSOUVI (2)

Ce tirage est la suite de l'hexagramme 36. Pour orienter favorablement M. dans son évolution, je lui propose d'interroger le *Yi* et lui suggère la question suivante : « Le qi gong peut-il m'aider ? »

L'hexagramme est brut. Le titre promet une délivrance, un soulagement. Le *sud-ouest* n'évoque rien à M. Je lui en explique la connotation. Ne rien faire, ou plutôt ne plus rien faire dans sa recherche irrépressible. Le qi gong peut la libérer, car je pressens une jeune femme hyper-sensible. Cela viendra naturellement, sans aide médicale et en principe *rapidement*.

M. suit mes conseils et se présente dès la semaine suivante à mon cours. Elle en ressort totalement détendue, à la limite de l'ivresse. M. découvre un nouveau monde, fait de douceur et de bien-être. Deux ou trois mois plus tard, elle m'annonce qu'elle est enceinte. Elle poursuit les cours jusqu'au terme de sa grossesse. Lors de son accouchement, elle se « branche » sur moi, d'après ses propres mots. Le nouveau-né sort comme « une lettre à la poste ». Un temps de repos lui est toutefois nécessaire avant de reprendre mes cours.

M. me demande si elle peut venir accompagnée de son bébé. J'en fais part au groupe qui s'empresse d'acquiescer. À l'époque, ce cours était le seul que je dispensais et j'y faisais mes armes. Mon manque d'expérience me fait redouter un peu les pleurs d'un nouveau-né, n'ayant moi-même pas d'enfant. Cependant, mon cœur est prêt à accueillir Petit P. ou le « bébé du qi gong », comme nous le surnommerons par la suite. Sa maman l'installe confortablement à mes côtés. En cette période de l'année, nous pratiquons la troisième méthode, un enchaînement sur les organes et les émotions, constitué d'exercices combinant gestuelle, *mudras* (position des doigts et des mains au sens caché) et vibrations sonores, spécifiques à chaque organe.

À mon grand émerveillement, je vois Petit P. exprimer les émotions respectives, au fur et à mesure de leur travail. Les risettes de son visage ainsi que ses minuscules doigts majeurs accompagnent l'exercice du cœur, associé à la joie. Son joli minois et ses petits doigts suivent parfaitement, et dans l'ordre, les cinq exercices. La peur, la concentration, la colère et la tristesse apparaissent successivement. C'est tout simplement incroyable.

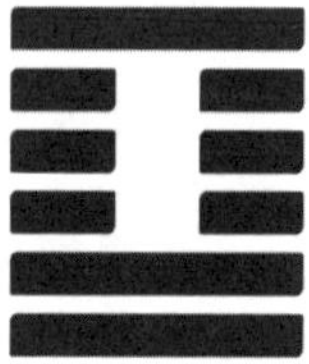

HEXAGRAMME 41, *SUN* AMOINDRISSEMENT

Par son altitude, le trigramme supérieur Montagne représente aussi bien le Sage que l'arrêt. Le trigramme inférieur Lac symbolise la joie ainsi que l'eau qui s'évapore pour fertiliser la Montagne. Amoindrissement incite à réduire la voilure. La qualité doit l'emporter sur la quantité. On se déleste du superflu, des émotions envahissantes ou de tout ce qui peut obstruer le flux énergétique. Cette attitude noble prend l'aspect d'un rééquilibrage harmonieux.

L'ABRÉGÉ

Amoindrissement, avoir confiance, prospérité originelle, hors d'atteinte, conserver la persévérance, avancer est avantageux, quel en est le fonctionnement ? Utiliser deux coupes de céréales en offrande.

Les formules mantiques sont positives. La situation est authentique, l'intention sincère, on est assuré de suivre le cours naturel des choses.

LES TRAITS

1. *Diminuer modérément, l'offrande accomplie, vite se retirer, hors d'atteinte.*
Une déperdition mesurée est nécessaire, on se déleste au profit d'un autre et l'affaire ne nécessite pas qu'on s'y attarde.

2. *Persévérance favorable, expédition néfaste. Ce n'est pas Amoindrissement pour soi, mais Accroissement pour les autres.*
Poursuivre la réduction, mais sans agir et en soutenant les autres.

3. *Amoindrissement d'un homme.*
Une personne solitaire a plus d'occasions de nouer des relations.

4. *Amoindrissement de la maladie, joie.*
Le mal est jugulé et entraîne satisfaction.

5. *Accroissement possible par l'offrande d'une tortue d'une valeur de dix ligatures de cauris, prospérité originelle.*
Les bénéfices affluent de tous côtés.

6. *Sans Amoindrissement, Accroissement ; la volonté se réalise pleinement.*
Il est question de générosité enrichissante.

EN PRATIQUE

ESSEULÉE

En 2012, à l'occasion de la publication de notre premier livre sur le *Yi Jing*, M. Zhou délocalise à Paris la formation qui était initialement transmise dans le Jura. Il me demande de préparer le programme de notre enseignement afin de l'envoyer à ses nombreux adhérents dans toute la France. C'est un nouveau groupe que nous devons accueillir ensemble. Le samedi se déroule sous la houlette du maître. Le soir venu, il m'annonce son absence pour le lendemain et m'accorde sa confiance pour animer la formation six heures durant. J'appréhende cette journée, car les élèves, issus des quatre coins du pays, se sont déplacés pour lui, et je demande au *Yi*.

L'abrégé me rassure. Le trait 3 – *amoindrissement d'un homme* – décrit la situation. La formule du trait 2 – *expédition néfaste* – ne manque pas de me préoccuper.

Le déroulement de la journée éclaire le texte. Sans le regard de M. Zhou, je me sens plus libre dans mon propos… et mieux comprise. Il séjourne depuis longtemps en France, mais son accent reste très marqué. Son français au débit souvent précipité est parfois approximatif, laissant planer une incompréhension qui se lit dans le regard de certains auditeurs. Je procède plus lentement que lui dans mes explications. *Ce n'est pas Amoindrissement pour soi, mais Accroissement pour les autres.* La fin du stage se termine par des applaudissements pour saluer ma prestation.

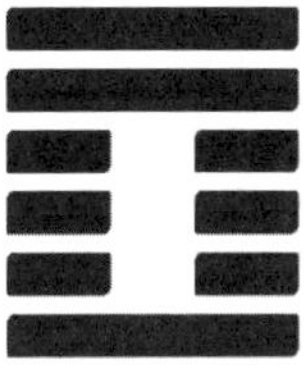

HEXAGRAMME 42, *YI* ACCROISSEMENT

À l'opposé et à la suite de l'hexagramme précédent, Accroissement témoigne d'une expansion rendue possible par le nettoyage effectué auparavant dans Amoindrissement. Les deux trigrammes constitutifs, Vent en haut sur Tonnerre en bas, sont apparentés à la phase printanière, caractéristique de l'essor jaillissant et de la croissance énergétique. L'hexagramme 42 est celui de la reprise, du renouveau. Il annonce des opportunités à saisir et peut concerner tous les domaines.

L'ABRÉGÉ

Accroissement, il est avantageux d'entreprendre, il est avantageux de traverser les grandes eaux.

L'action semble facilitée et si un obstacle survient, on pourra le surmonter.

LES TRAITS

1. *Les grandes entreprises sont favorables, prospérité originelle, hors d'atteinte.*
Les formules très positives portent à se lancer dans une action d'envergure.

2. *Accroissement possible par l'offrande d'une tortue de valeur de dix ligatures de cauris.*
Riche de potentialités, le moment est opportun et l'expansion probable.

3. *Accroissement jusque dans les affaires défavorables, garder la confiance.*
Il faut savoir tirer les leçons de toute expérience de vie. C'est à cette condition que, malgré les difficultés, le présage ne remet pas en question l'Accroissement.

4. *Marcher au centre. Trouver un soutien pour le déplacement de la capitale.*
Il s'agit de mener une politique juste et équitable en vue d'un changement au niveau du pouvoir.

5. *Confiance et bienveillance du cœur, nul besoin d'interroger, hautement faste.*

La place est excellente, la période très faste. Aucun doute n'est possible et il était même dispensable de questionner le *Yi*.

6. *Sans Accroissement, si le cœur n'est pas constant, infortune.* Accroissement touche à sa fin mais ne doit pas empêcher de conserver persévérance et volonté.

EN PRATIQUE

UN OUTIL DE TRAVAIL

V. a suivi la première initiation au *Yi Jing* que je dispense en six séances. C'est une véritable découverte pour elle, qui n'en avait jamais entendu parler. Son intuition s'aiguise à la lecture du *Livre*. Elle requiert mon avis pour une utilisation du *Yi* dans son quotidien professionnel. En tant que « coach », elle accompagne les personnes en besoin et en recherche d'emploi. Si elle se sent apte à interpréter le texte, je suis heureuse qu'elle s'en serve pour aider autrui. Elle interroge elle-même au cours de notre dernière séance en commun.

Accroissement est l'hexagramme de l'expansion et concerne tous les domaines. Il est bénéfique et incite à avancer dans ce que l'on entreprend. Sans trait mutant, la réponse est tranchée. Nul besoin d'en savoir davantage.

L'année suivante, je reverrai V. Elle continue de se servir occasionnellement du *Yi Jing* lorsque la personne qu'elle accompagne se trouve face à un choix ou à un questionnement sur son devenir professionnel et qu'elle pressent qu'elle peut proposer un tirage. La lecture du résultat de l'hexagramme permet souvent d'ouvrir l'esprit à d'autres manières de penser et d'envisager le problème sous un angle nouveau. V. ne cherche pas à déterminer l'origine de la réponse. Science divinatoire ou expression de l'inconscient ? Qu'importe, cela lui permet toujours de poursuivre le dialogue et la réflexion. V. utilise également le *Yi* pour sa vie personnelle dans les périodes d'incertitude ou de stress. Elle ne comprend pas toujours le texte, mais il a le pouvoir de l'apaiser car elle ressent le lien avec la situation qui la tourmente. « Le *Yi* m'a permis de comprendre que dans la vie, l'équilibre est précaire et qu'une fois atteint, il ne demande qu'à basculer dans le chaos, pour un temps, avant de se remettre en place à nouveau. Et lorsque ça ne va pas, eh bien un jour, cela ira mieux… c'est très rassurant. » Avec ses propres mots, V. exprime la notion de l'impermanence, la très grande leçon du *Yi*.

HEXAGRAMME 43,
GUAI
DÉTERMINATION

Le trigramme supérieur, Lac au-dessus du Ciel, est l'image d'une réserve d'eau. Mais tant qu'elle ne se transforme pas en pluie bénéfique et fertilisante pour la terre, cette eau est stérile. *Guai* signifie « trancher ». Il convient d'évaluer posément la situation puis de décider fermement, comme nous l'indiquent les cinq traits *yang*. Se montrer résolu sans toutefois se laisser emporter.

L'ABRÉGÉ

Détermination, proclamer à la cour du Roi, avertir du danger avec force et confiance, prévenir son propre fief, il n'est pas favorable de recourir aux armes, il est avantageux d'entreprendre.

Il s'agit de faire preuve de vigueur sans agressivité ni violence, afin de résoudre la question avec résolution et finesse. L'affaire concerne tout le monde et se doit d'être communiquée.

LES TRAITS

1. *Orteils vigoureux, avancer ne conduit pas à la victoire mais aux ennuis.*
Malgré le désir d'entreprendre, on ne peut réaliser son objectif. Il vaut mieux patienter.

2. *Hommes en armes dans la nuit jusqu'au crépuscule, ne pas s'inquiéter.*
Demeurer en alerte et bien se préparer vont permettre d'affronter la situation dans les meilleures conditions.

3. *Visage vigoureux néfaste. Le Sage doublement déterminé marche seul.*
Une manifestation trop visible de la décision, dans ce qu'elle a de ferme et résolu, ne peut triompher. Une grande détermination est requise pour ne pas dévier du chemin.

4. *Fesses sans muscle, démarche chancelante. Entendre des paroles sans y croire.*
S'il y a hésitation ou trépignement, la parole est incomprise.

5. *Détermination résolue comme briser du pourpier, hors d'atteinte.*
Le problème est éradiqué rapidement et aisément.

6. *Sans cri, en fin, infortune, cela ne peut durer.*
Appeler à l'aide est aussi stérile qu'inutile. La situation n'est que transitoire.

EN PRATIQUE

UNE DÉMISSION MÛREMENT RÉFLÉCHIE

J'enseigne le qi gong depuis quatre ans. Administrativement, je suis en congé sans solde et de droit pour donner des soins à un ascendant en tant qu'aidant. Je souhaite devenir salariée de l'association que j'ai créée, mais pour cela une démission de l'Éducation nationale s'impose. J'hésite, car le risque est grand, mais j'hésite aussi pour une autre raison. J'ai remarqué que mon évolution personnelle suit de près, pour ne pas dire colle, à celle de la maladie de maman. Maman se prénomme Carmen comme moi, elle est née le 10/10/1926 et j'ai vu le jour le 11/11/1962. Ce redoublement (10/10-11/11) et cette inversion d'années (26/62) m'inquiètent au plus haut point : aurais-je été clonée ?

Le diagnostic d'Alzheimer est tombé lors de mon emménagement à Paris. Souhaitant me rapprocher d'elle et aussi pour solder mon crédit immobilier, je m'installe à Pantin au moment où nous sommes contraintes, ma sœur et moi, de l'institutionnaliser. Maman était domiciliée non loin du rectorat de Paris, l'entité administrative dont je dépends en tant qu'enseignante de l'Éducation nationale ; elle intègre un EHPAD à la lisière de la proche banlieue est. De la fenêtre de sa chambre n° 404 (mon nouvel appartement est le 44), on aperçoit les Grands-Moulins de Pantin et quasiment les toitures de ma résidence. À toutes ces craintes s'en ajoute une autre : celle que ma démission de l'Éducation nationale n'entraîne un bouleversement imprévisible. L'hexagramme 43 est celui d'une décision radicale. Prendre conscience de sa nécessité et agir avec vigueur et fermeté. Le *pourpier* du trait 5 est une plante qui se brise facilement. *Hors d'atteinte* implique une sorte de protection, car on avance sur la Voie du milieu.

Confortée ou réconfortée, je choisis de démissionner en février 2012. Maman décédera en juillet de la même année.

HEXAGRAMME 44, *GOU* RENCONTRE

Le trigramme inférieur Vent se propage dans tous les sens, sous le Ciel et pénètre toute chose. Rencontre est l'hexagramme de l'attraction, providentielle, inéluctable, celle de la femme (fatale ?), représentée par le seul trait *yin* qui s'immisce dans un bloc de cinq *yang*. Le pouvoir du féminin, dont il faudrait se méfier selon l'abrégé, renvoie aux stéréotypes misogynes de la Chine ancienne.

L'ABRÉGÉ

Rencontre, la femme est puissante, ne pas entreprendre de l'épouser.

De l'ordre de l'inattendu, Rencontre est fortuite ou fatale et le féminin intense…

LES TRAITS

1. *Attaché à un frein en or. La persévérance est faste, avancer conduit à l'infortune.*
Freiner et s'immobiliser évitent des déconvenues.

2. *Poisson enveloppé, hors d'atteinte, pas d'avantage pour les hôtes.*
L'enveloppe du *poisson* vise à le retenir et à l'empêcher d'être consommé par les autres.

3. *Démarche chancelante, danger sans risque de grand désastre.*
La manœuvre est limitée, sans direction franche et nette.

4. *Enveloppe sans poisson, infortune.*
La pêche n'est pas fructueuse, le moment est peu favorable.

5. *Melon enveloppé dans des feuilles, contient une beauté éclatante, tombée du Ciel.*
La Rencontre imprévue a lieu avec un être d'une grande beauté…

6. *Rencontrer les cornes, regrets, hors d'atteinte.*
Les capacités sont faibles ou limitées, *les cornes* se heurtent à un obstacle. La situation est sans issue, mais n'est pas catastrophique.

EN PRATIQUE

UNE OU LA RENCONTRE ?

Cet exemple fait suite à l'hexagramme 51.

Les exigences de T. font d'elle une femme en puissance. Le cahier des charges est trop lourd et peu d'hommes sont capables d'affronter ou d'accepter autant de détermination. À l'aube de ses quarante ans, elle n'a toujours pas trouvé chaussure à son pied et n'a même jamais eu de vie en commun avec les multiples partenaires qui ont jalonné son existence sans s'attarder, faute de pouvoir cocher toutes les cases... Le dernier en date est encore présent, mais l'abrégé *ne pas entreprendre de l'épouser* est formel... Le trait 4 le confirme – *Enveloppe sans poisson, infortune* – et invite à réfléchir sur soi, sur sa propre attitude avant d'incriminer celle de l'autre. Un problème de communication pointe dans la relation.

HEXAGRAMME 45, *CUI* RASSEMBLEMENT

Le trigramme inférieur Terre est synonyme de foule et le trigramme supérieur Lac, celui de la joie de se retrouver ensemble. Des valeurs communes et une convergence d'énergies autour d'un pôle, d'une idée réunissent et incitent à rejoindre le groupe, l'association, la collectivité.

L'ABRÉGÉ

Rassemblement, prospérité. Le Roi se rend au temple des ancêtres. Il est favorable de voir le Grand Homme. Prospérité, la persévérance est favorable. Offrir du gros bétail, faste, il est avantageux d'entreprendre.

La réunion autour d'un projet est authentique. En cette période d'essor, une générosité prodigue est bienvenue. On peut recevoir de bons conseils.

LES TRAITS

1. *Une volonté confuse trouble Rassemblement. Ne pas s'inquiéter, avancer, hors d'atteinte.*
La confiance ne doit pas défaillir. Il est permis de douter, mais le Rassemblement procure du soulagement et permet d'avancer.

2. *Se laisser entraîner est faste, hors d'atteinte. Sincérité bénéfique et offrandes modestes.*
La relation est sincère.

3. *Rassemblement, soupirs, aucun avantage. Avancer, hors d'atteinte, petit ennui.*
Le processus ralentit, néanmoins il se poursuit.

4. *Grande fortune, hors d'atteinte.*
Les conditions sont optimales et le succès garanti.

5. *Rassemblement a lieu, hors d'atteinte, manque de confiance.*
La confiance vacille et empêche les qualités de se déployer.

6. *Lamentations et soupirs, les larmes coulent à flots, hors d'atteinte.*
Rassemblement se disperse dans les gémissements et les pleurs.

EN PRATIQUE

LE DÉSIR *VERSUS* LA RAISON

Ce témoignage est le pendant de l'hexagramme 25. La première réponse *Sans Illusion*, incomplète à mon goût, stipulait que le fonctionnariat procurerait à S. une vie sécurisante, mais insatisfaisante. S. m'avoue ne pas se sentir prêt pour la question supplémentaire que je lui soumets : « *Quid* d'un avenir en tant que vidéaste ? » Je soupçonne qu'il redoute la réponse, mais j'insiste. Je ne veux pas qu'il reparte au mieux avec une question non résolue, au pire qu'il s'engage dans une voie qui ne lui est pas destinée.

L'hexagramme 45 est celui du Rassemblement, ce qui indique du monde ou une réunion de personnes, d'énergies, et de talents multiples. Le terme *prospérité* donne un signal clair, il s'agit de se lancer. Le trait 1 – *une volonté confuse trouble Rassemblement* – traduit l'angoisse de S. concernant la perspective de travailler en indépendant. Mais tout indique que les conditions sont favorables pour avancer dans cette direction. Ce que nous confirme le trait 4 par *Grande fortune*, expression à relativiser mais signifiant une stabilité financière et une réussite plus que probable. Il s'agit pour S., habituellement peu sociable, selon lui, de trouver du travail, ce qui dépend de l'opportunité de rencontrer des clients.

Pas moins de trois mois plus tard, S. répond à une annonce de contrat à durée déterminée en tant qu'intervenant pour un atelier vidéo. Deux mois supplémentaires suffisent pour que le travail devienne désormais régulier. Des projets intéressants font voyager S. jusqu'en Inde en 2012. Aujourd'hui encore, il gagne sa vie ainsi et côtoie beaucoup de monde.

S. témoigne : « Ce que je retiens du *Yi Jing*, c'est de pouvoir revisiter mes priorités, mes profondes aspirations, mes ressources intérieures, au regard des contraintes extérieures et financières, du "climat". Donc de pouvoir faire des choix avec la pleine connaissance des risques encourus et des gains potentiels. Le *Yi Jing* ne supprime pas les risques, il les dévoile, et nous savons tous que qui ne risque rien, n'a rien. »

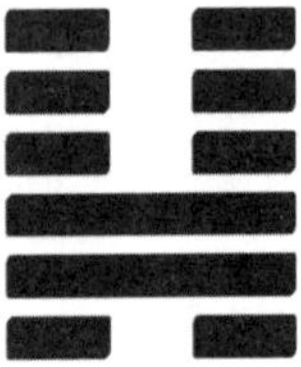

HEXAGRAMME 46, *SHENG* ASCENSION

Le trigramme inférieur Vent est associé à l'élément Bois et pousse vers le haut, la Terre. Le sens de *Sheng* est celui d'une montée végétale. De la racine jusqu'à l'arbre, la sève suit un mouvement ascendant. L'hexagramme 46 est celui du progrès continu, de la vigueur et de la croissance. Tous les traits sont favorables.

L'ABRÉGÉ

Ascension, prospérité originelle, s'employer à voir le Grand Homme, ne pas s'inquiéter, mener une expédition vers le sud est faste.

Changement d'état ou passage à un degré supérieur : le sud désigne le haut, il s'agit bien d'une progression telle la sève qui monte dans les arbres.

LES TRAITS

1. *Ascension déterminée, grande fortune.*
Sur ce trait racine repose la croissance. La réussite sera proportionnelle à la ténacité ressentie.

2. *Avec sincérité, présenter les offrandes de l'été, favorable, hors d'atteinte.*
La saison préconisée, l'été, est corrélée à l'organe cœur et à la direction cardinale évoquée dans l'abrégé, le sud. Un cœur pur et authentique génère de la joie. Les conditions sont réunies pour progresser.

3. *Ascension dans la cité située en hauteur.*
L'évolution se poursuit, on s'élève toujours vers plus de hauteur.

4. *Le Roi procède à des offrandes au mont Qi, fortune, hors d'atteinte.*
Le mouvement de montée se prolonge.

5. *Persévérance, fortune, Ascension dans les échelons.*
Les résultats sont tangibles.

6. *Ascension dans l'obscurité, ne pas cesser la persévérance, réduire pour éviter la plénitude.*
L'obscurité dont il est question exige un ralentissement afin de ne pas stopper le processus ascensionnel. Il s'agit de freiner avec mesure.

EN PRATIQUE

UN DIPLÔME SUPPLÉMENTAIRE

Mon *curriculum vitae* regorge de diplômes, aussi abondants que variés, depuis mes études universitaires – peu ou prou huit années au total – jusqu'à ma formation en qi gong pour laquelle je cumule un nombre considérable de certifications nationales et internationales. Il ne me manque plus qu'un diplôme d'État, dans le cas où, un jour, un travail en institution me soit proposé. Je subodore que la formation, trop longue et surtout trop onéreuse à mon goût, ne me paraisse quelque peu ennuyeuse. La possibilité d'une validation des acquis de l'expérience s'impose. La tâche consiste à attester de mes multiples interventions et principalement à écrire un mémoire selon des consignes très spécifiques. J'entame un véritable travail de bénédictin. Le lieu de la soutenance m'oblige à me rendre à Poitiers et je demande au *Yi*.

Ascension monte comme la sève des arbres et évoque un changement d'état. Au-delà d'une simple croissance, il y a passage à un degré supérieur. L'hexagramme est positif, les traits 3 et 5 également. *Mener une expédition vers le sud est faste,* la ville de Poitiers se situe effectivement au sud de Paris. Le trait 3 – *Ascension dans la cité située en hauteur* – se manifestera à mon arrivée en gare. Je découvre un promontoire enserré entre deux vallées qu'il domine d'une quarantaine de mètres. Le trait 5 – *Ascension dans les échelons* – me garantit le succès de l'examen oral. Cette année-là, je serai la seule en France à obtenir mon DEJEPS en arts énergétiques chinois.

HEXAGRAMME 47, *KUN* ÉREINTEMENT

Le trigramme Lac en haut perd son Eau, trigramme du bas. Son assèchement génère une grande lassitude, un épuisement. L'hexagramme 47 décrit les divers types de difficultés auxquelles l'humain est confronté, parfois jusqu'à l'accablement. Conserver une attitude positive face aux épreuves aide à les surmonter et à se renforcer.

L'ABRÉGÉ

Éreintement, prospérité, persévérance faste pour le Grand Homme, hors d'atteinte. Des paroles sont énoncées mais restent incomprises.

Dans cet hexagramme de l'accablement, les termes de l'abrégé peuvent sembler contradictoires. Les qualificatifs favorables ne concernent que le *Grand Homme*, qui saura faire face à l'extrême fatigue et à la difficulté du moment. L'homme ordinaire, lui, n'entendra pas la signification de la situation.

LES TRAITS

1. *Éreintement, les fesses à terre sous un arbre nu, rentrer dans une vallée obscure, trois années sans rien voir.*
On ne tient plus debout, on tombe à terre sans possibilité de récupérer. Ce moment d'abattement risque de durer un certain temps (*trois années* n'est pas à prendre au pied de la lettre et n'indique qu'une période conséquente).

2. *Éreintement, du vin et des aliments, favorable de présenter des offrandes. Expédition néfaste, hors d'atteinte.*
Les forces sont partiellement restaurées, mais insuffisantes pour mener une action. Tout n'est pas perdu, patience et longueur de temps…

3. *Éreintement, encerclement par les pierres et les épines, infortune.*
Rien ne va plus. On se heurte à un mur. Songer à l'impermanence permet de relativiser l'épreuve.

4. *Venir tout doucement, Éreintement dans un char doré, ennui, réalisation.*
Les obstacles sont encore présents, mais un lent déblocage de la situation n'est pas impossible.

5. *Grande inquiétude, Éreintement dans une robe rituelle de couleur vermillon, sortir en douceur de cette situation difficile.*
La difficulté est intense, mais on parvient progressivement à affronter les ennuis passagers.

6. *Éreintement dans la végétation sauvage, inquiétude permanente, faste d'entreprendre.*
Pour s'extirper de cet empêtrement, il faut réagir.

EN PRATIQUE

LA COLOSCOPIE D'E.

E. est une élève et amie, que j'apprécie pour sa ténacité et sa fidélité. Elle a déjà surmonté un cancer et doit passer une coloscopie. Sans le lui dire et surtout pour me rassurer, j'interroge.

Le trait 1 me laisse ébahie. Éreintement représente l'anesthésie générale. *Les fesses à terre sous un arbre nu* décrivent la petite tenue hospitalière (ce sont plutôt les fesses nues !). *Rentrer dans une vallée obscure* décrit l'examen lui-même, autrement dit la sonde-caméra introduite dans le rectum. *Trois années sans rien voir* me donne le résultat de la coloscopie : pas de polype suspect mais une surveillance préventive doit être maintenue.

À son grand soulagement, E. me confirmera l'interprétation.

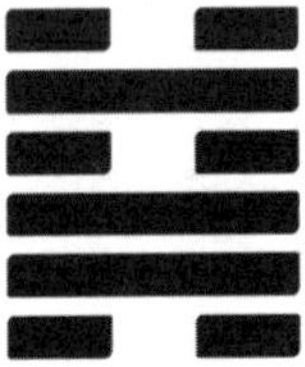

HEXAGRAMME 48, *JING* RESSOURCE

Les deux trigrammes Eau en haut et Vent (associé au Bois) en bas composent Ressource et représentent l'Eau que l'on tire d'un puits. Au-delà de sa connotation hydrique, le nom de l'hexagramme Ressource suggère de puiser en soi, de se tourner vers notre intérieur, d'aller à la découverte de nos profondeurs afin de purifier notre propre puits et d'accéder à une eau claire et limpide.

L'ABRÉGÉ

Ressource, changer de bourgade sans changer de puits, sans perte ni gain, aller et venir auprès du puits, Ressource. La corde descend au fond du puits, sans puiser l'eau, la cruche se brise, infortune.

Déménager, se déplacer est possible tout en conservant la source d'approvisionnement ou source intérieure. Le trigramme Eau couronne l'hexagramme ; il nous signifie que rien n'est définitivement acquis et que l'équilibre reste précaire.

LES TRAITS

1. *De la boue au fond du puits, ne pas s'en servir, un vieux puits ne peut rien donner.*
Ne pas s'abreuver à cette eau non potable : le mental, les émotions font barrage et l'eau est trouble.

2. *Dans le creux du puits, un peu d'eau jaillit pour de petits poissons, la cruche brisée fuit.*
Légèrement plus limpide, l'eau est encore insuffisante et les moyens employés inopérants.

3. *Le puits est propre et pourtant ne pas boire son eau, le cœur en est triste.*
L'eau s'éclaircit, sa qualité s'améliore. Pourtant, elle n'est pas consommée. Un potentiel non reconnu produit une certaine tristesse.

4. *Le puits est réparé, hors d'atteinte.*
Le puits restauré retrouve sa fonction. Le travail intérieur donne les résultats attendus.

5. *Dans le puits, la source est claire et fraîche, boire.*
La source est enfin pure. Le moment est bénéfique.

6. *Tirer de l'eau du puits non recouvert, garder la confiance, hautement faste.*

Trait exceptionnellement très bon. Chacun peut venir se ressourcer en toute confiance.

EN PRATIQUE

UNE GRAND-MÈRE TOUJOURS INQUIÈTE (2)

M. est une amie de longue date. Elle me consulte une ou deux fois l'an, de manière régulière (voir hexagramme 38 et hexagramme 64). Cette fois-ci, elle vient à nouveau pour sa petite-fille, Ma.

Ma. a un petit ami. Durant la période de confinement, elle est partie s'installer provisoirement en province, chez les parents de son amoureux. Rentrera-t-elle en région parisienne ou bien restera-t-elle là-bas ?

L'hexagramme est brut. *Changer de bourgade* indique un déménagement, sans avantage ni inconvénient. La deuxième phrase de l'abrégé introduit un bémol avec *la cruche se brise*. Il est donc possible qu'une manipulation humaine maladroite, et non des circonstances extérieures, interfère. Possible, mais pas certain, puisque parfois une seule partie du texte se vérifie. « Ma. restera-t-elle définitivement en province ? », me demande M. En souriant, je lui rappelle, d'une part, le très jeune âge de sa petite-fille et, d'autre part, la possible fragilité d'une union.

L'impermanence est un concept que la plupart des Occidentaux, bénéficiant d'une espérance de vie longue et de conditions privilégiées, entendent rarement. Ce concept clé du bouddhisme affirme que rien n'est immuable ou éternel. Le *Yi Jing* est souvent traduit par le *Livre des mutations*. À l'inverse de notre croyance erronée en la continuité, le *Yi* nous aide à appréhender que les phénomènes et les situations sont transitoires. La souffrance, l'amour sont éphémères et au lieu de nous accrocher au passé et de nous projeter dans l'avenir lointain, revenons à l'instant présent. Le passé est passé et le futur n'est pas encore là, même s'il est écrit dans ses grandes lignes.

Le *Yi* décrit les forces en présence, analyse la situation en cours (voir hexagramme 38, exemple 2), prévient des déboires possibles (hexagramme 2, hexagramme 7) et annonce des événements heureux (hexagramme 8, hexagramme 12) sans pour autant dévoiler la totalité du futur. Un tirage est une photographie à l'instant T, la même question posée à l'instant T + 1 révélera vraisemblablement un autre hexagramme. Un itinéraire de vie diffère selon des paramètres eux-mêmes muables en fonction des aiguillages que l'on choisit ou que l'on délaisse. Le libre arbitre conserve une certaine place, mais la sagesse du *Yi* nous oriente au mieux. L'impermanence nous mène au détachement et n'est pas une fatalité, mais une chance grâce à laquelle tout peut évoluer.

À la fin de la première période de confinement post-Covid, Ma. revient à Paris pour rassembler ses affaires, avant de repartir vivre avec son petit ami. Les termes *aller et venir* de l'abrégé prennent tout leur sens.

䷰

HEXAGRAMME 49, *GE* MUTATION

Les deux trigrammes constitutifs de Mutation se rapportent aux éléments Eau, contenue dans le trigramme supérieur Lac, et Feu, en bas. Complémentaires ou contraires selon leur emplacement, Eau et Feu s'anéantissent mutuellement dans Mutation. L'hexagramme 49 annonce un changement important : une révolution est en cours. Le bouleversement est imminent.

L'ABRÉGÉ

Mutation, confiance, le temps de la Mutation est arrivé, prospérité originelle, il est avantageux de persévérer, les regrets disparaissent.

Le contexte évoque une transformation profonde. Les temps sont mûrs ; les regrets ne sont plus de mise, la confiance et la persévérance garantissent le succès de cette révolution.

LES TRAITS

1. *Utiliser la peau tannée d'un buffle jaune pour attacher, Mutation.*
Il est trop tôt pour le grand changement. On est contraint, comme retenu par une solide attache de cuir.

2. *Le temps de la Mutation est arrivé, Mutation. Favorable de mener une expédition.*
Le moment est venu, l'action est facilitée et sans risque.

3. *Mener une expédition est néfaste, la persévérance est dangereuse. Parler trois fois pour gagner la confiance.*
Toute initiative est déconseillée. Insister serait périlleux. Seul un discours répété peut convaincre l'autre.

4. *La confiance change le mandat céleste, fortune.*
La vie change radicalement et dans le bon sens.

5. *Le Grand Homme change comme un tigre ; avant même d'interroger l'oracle, confiance.*
Le Grand Homme et *le tigre* sont des symboles de puissance, de droiture et de justice. La confiance règne.

6. *Le Sage change comme une panthère, l'homme ordinaire change de visage. Mener une expédition est néfaste, demeurer persévérant est faste.*
La Mutation a eu lieu et a transformé tous les êtres. Inutile d'en faire ou vouloir davantage. C'est le retour au calme après la tempête.

EN PRATIQUE

UNE MÉTAMORPHOSE PROGRAMMÉE

À chacun de mes anniversaires, je m'autorise un tirage pour sonder l'année à venir. Pour mes 57 ans, j'obtiens Mutation, sans trait mutant. Il s'agit d'un renouvellement qui s'opère en accord avec le temps. Sans nostalgie au regard de la période écoulée, le changement est inéluctable et bienvenu.

J'interprète la transformation énoncée : je vais enfin être une femme ménopausée, débarrassée des inconvénients liés à cette période transitoire. J'accompagne la modification en cessant de me colorer les cheveux et accepte sereinement mon âge. À cette révolution intérieure s'ajoutent d'autres changements qui n'étaient pas prévus. Au niveau professionnel, le fils d'un couple d'élèves me construit un nouveau site Internet plus attractif que l'ancien, j'obtiens mon diplôme d'État (voir hexagramme 46), des projets d'écriture sont mis en route. Au niveau spirituel, à mes pratiques de qi gong et de méditation bouddhiste s'ajoute la pratique du Kriya Yoga de Babaji (voir hexagramme 24). Au fur et à mesure de son apparition, chaque chose s'ajuste à mon emploi du temps, sans précipitation et en toute quiétude. La mutation s'effectue harmonieusement.

HEXAGRAMME 50, *DING* CHAUDRON

L'agencement des deux trigrammes, Feu au-dessus du Vent, figure un Chaudron. Le trait *yin* du bas représente les pieds, les trois traits *yang* suivants la panse, le cinquième trait *yin* les anses et le dernier trait *yang* le couvercle. Chaudron est un objet sacré en usage dans les rituels et sert également à la cuisson des aliments. Il est le symbole de la transmutation. L'évolution est inéluctable et traverse des étapes inégales selon les traits.

L'ABRÉGÉ

Chaudron, hautement faste, prospérité.

De l'ordre de l'alchimie, Chaudron évoque une lente et totale transformation et améliore le renouveau issu de l'hexagramme précédent, Mutation. Les formules mantiques accolées à ce nom sont très positives.

LES TRAITS

1. *Chaudron aux pieds renversés, favorable d'extraire ce qui est vétuste.*
Les traces du passé doivent être effacées afin que le processus de modification soit enclenché.

2. *Chaudron rempli d'aliments, fortune.*
Les ingrédients – potentiels et circonstances – sont dans la marmite.

3. *Chaudron aux oreilles brisées, la graisse du faisan n'est pas consommée. En fin, faste.*
Un temps d'arrêt exprime une difficulté à se faire valoir et un souci de communication qui ralentissent le processus.

4. *Chaudron aux pieds brisés, infortune.*
Manque d'aplomb et déséquilibre signalent que ce n'est pas un bon moment.

5. *Chaudron aux oreilles jaunes, à la barre de cuivre jaune, favorable de persévérer.*
Les anses ou *oreilles* et la *barre*, éléments majeurs de Chaudron, sont jaunes, couleur bénéfique de la Terre. On franchit une étape.

6. *Chaudron avec barre de jade, grande fortune, rien qui ne soit avantageux.* C'est l'apogée. Tout est parfait en cet instant.

EN PRATIQUE

LA CRÉATION DU TAO DE LA TERRE

De longues années parsemées de rêves, d'espoir, d'attente et parfois d'impatience s'écoulent. Je consacre une décennie entière à me former, à me perfectionner et j'interroge le *Yi* deux fois par an sur mes possibilités de changement professionnel. Le système de l'Éducation nationale m'épuise lentement mais sûrement et j'aspire à devenir enseignante de qi gong (voir hexagramme 3 et hexagramme 4). Nous sommes en 2006.

L'abrégé est excellent : *hautement faste, prospérité.* Les traits 2 et 3 semblent contradictoires. Le trait 2 confirme l'abrégé et ajoute que les qualités sont bien présentes. Il s'agit de laisser mijoter. Le trait 3 est plus mitigé. Les *oreilles brisées* du Chaudron sont les anses qui servent à le déplacer, la fonctionnalité est remise en cause et le contenu savoureux et riche (*la graisse du faisan*) n'est pas consommé. Autrement dit, j'ai acquis un savoir-faire, mais encore faut-il le faire savoir.

Je dépose les statuts de l'association à la préfecture pour sa déclaration. La démarche ne m'engage en rien. La parution au *Journal officiel* du 22 novembre (22 égale 11 plus 11, sachant que je suis née un 11 novembre) est un premier pas sur une longue route.

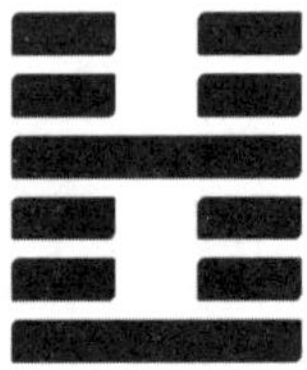

HEXAGRAMME 51, *ZHEN* TONNERRE

Tonnerre sur Tonnerre, le trigramme est redoublé pour composer cet hexagramme on ne peut plus explicite. Tonnerre ébranle et agite, fait sursauter. Ces instants de crainte sont des opportunités de réflexion sur soi. L'hexagramme 51 est également le symbole du printemps et de la renaissance.

L'ABRÉGÉ

Tonnerre, prospérité. Tonnerre éclate avec vigueur, rires et paroles joyeuses ; Tonnerre retentit à cent li *à la ronde, sans renverser le vin parfumé de la cuillère.*

Tonnerre est associé au bonheur, à la joie et au rire. Il évoque également tout mouvement et bruit retentissant. Sa force est puissante et brusque. Tonnerre secoue et pourtant le calme demeure.

LES TRAITS

1. *Grondements de Tonnerre déclenchent une peur intense, suivie de rires et paroles joyeuses. Faste.*
Les coups de tonnerre effraient dans un premier temps. Le choc passé, le soulagement déclenche des rires.

2. *Tonnerre gronde dangereusement. Regrets de la perte de coquillages, gravir neuf collines ; sans rechercher, retrouvailles sept jours après*
La secousse violente entraîne des pertes conséquentes. Une attitude détachée permet de récupérer le préjudice, dans un laps de temps assez bref.

3. *Tonnerre fait sursauter, Tonnerre continue sans calamité.*
L'inquiétude persiste bien qu'aucun désastre ne survienne.

4. *Tonnerre échoue dans la boue.*
La dynamique de Tonnerre s'embourbe malgré son rythme vivace, on ne peut entreprendre quoi que ce soit, ni avancer.

5. *Tonnerre va et vient, danger. Perte évitée, quelque chose à faire.*
Tonnerre continue, mais s'éloigne. On peut envisager une action.

6. *Tonnerre fait perdre le contrôle, la vue se brouille, mener une expédition est néfaste.*

C'est le bouquet final, Tonnerre est à son comble et la panique s'ensuit. Se prémunir contre le risque encouru est la seule attitude possible.

EN PRATIQUE

UN COUP DE FOUDRE ?

T. est une belle quadragénaire, issue d'une bonne famille. Sur une impulsion, elle vient consulter. Sa rencontre soudaine avec P. la transporte, mais ses nombreuses aventures amoureuses lui font craindre que ce ne soit pas encore « le bon numéro ».

L'hexagramme Tonnerre évoque une grande secousse. L'expression « coup de foudre » me vient immédiatement à l'esprit. Je demande à T. si cet homme a de l'humour (*rires et paroles joyeuses* du trait 1), ce qu'elle me confirme. Ils semblent se divertir beaucoup ensemble. Je ne saisis pas vraiment le motif de la consultation. Quand on est amoureux, on se laisse aller, je ne comprends pas où se situe la problématique. T. consent enfin à me révéler certains détails qui la troublent.

À chaque rendez-vous, P. est systématiquement en retard et elle, toujours en avance. Il a aussi un certain penchant pour la bouteille, dit-elle. Le manque de ponctualité reflète sans doute un besoin de se faire désirer ; quant à la bouteille, il s'agit plutôt d'un unique verre. T. est intraitable sur ces sujets et n'entend pas qu'on ne puisse changer l'autre. Elle n'accepte pas les hommes tels qu'ils sont et veut les façonner, quitte à modifier certaines de leurs habitudes comportementales.

L'exigence de cette femme suinte du trait 4. *Tonnerre échoue dans la boue* souligne qu'elle s'enlise. Modeler les hommes qu'elle rencontre selon ses propres canons est voué à l'échec. Subodorant la courte durée de leur liaison, je suggère d'interroger le *Yi* pour envisager une possible évolution de la relation. C'est l'hexagramme 44.

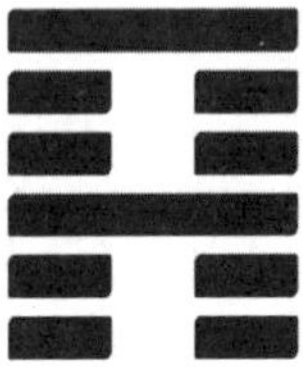

HEXAGRAMME 52, *GEN* MONTAGNE

Avec deux fois le même trigramme superposé, Montagne est une accumulation statique de Terre. Sa forme massive arrête les éléments. C'est un temps de pause, d'interruption, de repos et de calme imposé. Il est l'hexagramme de la méditation et du qi gong. Grandeur et lumière le caractérisent.

L'ABRÉGÉ

Immobiliser son dos, ne plus sentir son corps, marcher dans la cour, ne voir personne, hors d'atteinte.

Assis ou debout, le corps en posture méditative, l'esprit serein, éloigné du monde sont les conseils ici délivrés afin de retrouver son équilibre intérieur.

LES TRAITS

1. *Immobiliser ses orteils, hors d'atteinte.*
Les orteils et les pieds immobiles signifient s'arrêter.

2. *Immobiliser ses mollets, mais ne pas pouvoir s'empêcher de suivre, le cœur est sans joie.*
Se laisser entraîner n'est pas conseillé. La mélancolie n'est que passagère.

3. *Immobiliser ses reins, briser son dos, danger et brûlure au cœur.*
Le stress et l'inquiétude ont envahi le corps. Les reins et le cœur sont intimement liés en médecine traditionnelle chinoise, cet axe énergétique est vital et l'enjeu réel. Chercher à se détendre est incontournable.

4. *Immobiliser son corps, hors d'atteinte.*
Une relaxation totale autorise un certain retour au mouvement.

5. *Immobiliser sa mâchoire, parler avec mesure, les regrets disparaissent.*
Il s'agit de réfléchir, de parler de manière juste, sans bavardage futile. La communication sera alors opérante.

6. *Immobilité et bonté, faste.*
Un corps détendu révèle une tranquillité d'esprit. L'harmonie engendre une des plus grandes sagesses humaines, la générosité.

EN PRATIQUE

CHRONIQUE D'UNE MORT ANNONCÉE

E., déjà citée à l'hexagramme 4 et qui apparaîtra à l'hexagramme 62, a suivi régulièrement mes cours de *Yi Jing*. Depuis une mauvaise chute, sa maman très âgée est alitée. E., très inquiète, interroge.

E. ne retient ou ne relie du trait 3 que la première partie : *Immobiliser ses reins, briser son dos*. Le trait ne serait que descriptif à première vue. L'auxiliaire de vie et le kinésithérapeute, pour éviter l'apparition d'escarres, insistent pour faire asseoir la vieille dame, lui mettant des coussins dans le dos et la font même se lever. Quelque temps plus tard, E. apprend le décès de sa maman. Un long temps s'écoulera avant qu'elle ne se décide à me montrer son tirage. À la lecture de *danger et brûlure au cœur*, je lui demande si sa mère était cardiaque. E. répond par la négative, et soudain comprend. Sa maman est décédée d'un infarctus.

HEXAGRAMME 53, *JIAN* PROGRESSION

Le trigramme Vent (associé au Bois) au-dessus du trigramme Montagne (associé à la Terre), forme l'hexagramme 53. Tel un arbre qui croît constamment et graduellement, Progression est signe d'une ascension lente et mesurée ainsi que l'énonce l'abrégé. Les traits en décrivent les étapes successives à travers les escales du voyage de l'oie sauvage. Une certaine harmonie s'en dégage.

L'ABRÉGÉ

Progression, la femme se marie, faste, il est favorable de persévérer.

Par la métaphore du mariage et de sa longue préparation dans la Chine ancienne, Progression exprime une lente et graduelle ascension.

LES TRAITS

Progression s'appuie sur le symbole de l'oie sauvage, présente à chaque trait. Dans la Chine ancienne, la préparation d'un mariage commençait toujours sous les auspices d'un entremetteur. La deuxième étape consistait pour le prétendant à déposer sa demande officielle auprès de l'élue en lui apportant des cadeaux. Parmi ceux-ci, figurait au moins une oie sauvage vivante, gage de son amour et de sa dévotion.

1. *L'oie sauvage progresse vers le rivage.*
L'oie sauvage, symbole de fidélité et de chance, atteint la première étape de son voyage.

2. *L'oie sauvage progresse vers les rochers. Elle boit et s'alimente en festoyant.*
L'avancée se poursuit dans le bien-être.

3. *L'oie sauvage progresse vers le plateau. L'homme part en expédition et ne revient pas.*
Le parcours connaît une halte. Se serait-on trompé de chemin ?

4. *L'oie sauvage progresse vers les arbres ou bien se pose sur une souche, hors d'atteinte.*
L'hésitation domine. Il convient de s'accorder un temps de réflexion.

5. *L'oie sauvage progresse vers les collines. Faste.*
Les collines rehaussent et élargissent le point de vue. La vision est plus vaste.

6. *L'oie sauvage progresse vers les hauteurs. Ses plumes peuvent être utilisées comme ornement rituel. Faste.*
L'élévation atteint son apogée, au-delà des contingences ordinaires. On porte un regard lucide sur le chemin parcouru.

EN PRATIQUE

DU CHAMANISME DANS L'AIR

Afin de changer de paradigme, j'envisage de participer à une semaine de jeûne et randonnée. Mon premier jeûne s'était déroulé des années auparavant, dans un monastère tibétain, et s'inscrivait dans une pratique combinant jeûne intermittent, prosternations allongées et méditation. Le souvenir encore vivace de cette expérience me laisse entrevoir les bénéfices de ce régime que je souhaite, cette fois-ci, réitérer en Île-de-France, dans un cadre bucolique et avec une marche quotidienne de 12 kilomètres.

Les termes de l'abrégé sont positifs (*faste... favorable*). Curieusement, j'obtiens un sixième trait mutant, comme pour la question qui clôt ce livre (voir « *Yi Jing* connexion ? » p. 251), malgré des probabilités minimes. (Le *Yi* totalise plus de 4 000 réponses différentes.) Le texte évoque une Progression *vers les hauteurs* et il y est question de *plumes* en tant qu'*ornement rituel*. C'est l'été et j'ai pris l'habitude au cours de mes promenades de ramasser des plumes, dans une visée décorative. Je ne sais exactement ce que j'en ferai, un tableau, un bouquet…

Le texte me dévoile une autre dimension de cette nouvelle manie des plumes. L'oie sauvage et les oiseaux en général sont des habitants du monde supérieur et leurs plumes servent à faire le lien entre le Ciel et la Terre. Elles sont comme des antennes cosmiques et traditionnellement utilisées dans la plupart des rituels chamaniques.

Lors des randonnées en forêt de Chevreuse, je trouverai de nombreuses et magnifiques plumes. Ce parfum de chamanisme m'enchante. On dit qu'un chaman est à la fois un sage, un thérapeute, un conseiller, un guérisseur et un voyant. Je n'ai aucun de ces dons et pourtant un peu de tous à la fois.

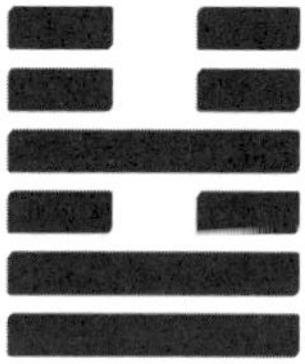

HEXAGRAMME 54, *GUI MEI* MARIAGE DE LA JEUNE FILLE

Le trigramme inférieur Lac correspond à la fille cadette, soit *la jeune fille* dont il est question. Le trigramme supérieur Tonnerre dérange quelque peu. L'hexagramme 54 est ambivalent. Dans la Chine ancienne, la métaphore du mariage sororal, qui accordait à l'homme la sœur aînée en tant qu'épouse principale, puis les sœurs cadettes, était encouragée par la société pour les nécessités de perpétuation. Mariage de la jeune fille traite de situations dans lesquelles on occupe un second rôle ou une place illégitime. Le mariage représente toutes sortes de partenariats. Ardeur, attirance, discrétion, illusion, contrainte et parfois renversement bénéfique égrainent les traits.

L'ABRÉGÉ

Mariage de la jeune fille, partir en expédition est néfaste, aucun avantage.

La position de *la jeune fille* – concubine, maîtresse ou seconde épouse – est inconfortable.

LES TRAITS

1. *Mariage de la jeune fille en tant que seconde épouse. Partir en expédition est faste.*
La situation est telle qu'on n'y peut rien. Pourtant, une certaine marge de manœuvre subsiste.

2. *Un borgne peut voir, il est avantageux de persévérer comme un prisonnier.*
Le *borgne*, le *prisonnier* ou la seconde épouse sont des personnages dans l'ombre et isolés. Ce statut est immuable.

3. *Mariage de la jeune fille usurpe la sœur aînée, retour du mariage de la cadette.*
Contester cet assujettissement est inutile. La seule attitude possible consiste à savoir accepter la situation.

4. *Mariage de la jeune fille, date reportée.*
Ralentissement et retard caractérisent ce moment.

5. *L'Empereur Yi marie ses sœurs. Faste.*
La scène historique évoque opulence et magnificence.

6. *La jeune épouse maintient une corbeille vide, le jeune époux égorge un mouton dépourvu de sang, aucun avantage.*
Ici, la situation est l'inverse de la précédente. Les offrandes sont sans substance, l'union inféconde.

EN PRATIQUE

BONHEUR OU MALHEUR ?

Mon entourage familial et amical peine à comprendre ma solitude sentimentale. Depuis mon divorce dans une vie quasi antérieure, je n'ai eu qu'une liaison amoureuse en un quart de siècle. Mes proches qualifient mon engagement d'héroïque sur le plan émotionnel et considèrent que le « coût » est très élevé. De mon côté, je trouve cela normal. Je me sens bien avec moi-même et ne souffre pas de ce célibat. Ma liberté m'est précieuse et ma libido se transmute en énergie guérisseuse et spirituelle. Néanmoins, des moments de faiblesse passagers m'entraînent vers des rêvasseries. Comme il serait bon de pouvoir reposer ma tête sur une épaule masculine ! C'est au cours d'un de ces instants, que j'interroge le *Yi*.

L'abrégé souligne la position de maîtresse ou de seconde femme et me renvoie à l'unique liaison à laquelle j'ai justement mis un terme, en raison de cette place embarrassante. À l'aube de mes soixante printemps, je souris à cette formule de *jeune fille*. L'expression réanime un souvenir lointain. Jusqu'à ses derniers jours conscients, maman me surnommait la *chiqueta* (en espagnol, en l'occurrence ici le catalan-valencien, le mot signifie « la petite » ou « la jeune fille »). Le trait 4 – *Mariage de la jeune fille, date reportée* – laisse entrevoir une éventualité, pour l'instant non vérifiée... Ce que certains considèrent comme un malheur (l'enfermement dans une tour d'ivoire), peut être appréhendé par d'autres comme un bonheur. Au fil des ans, je me suis aménagée un cocon, mon appartement est une extension de mon esprit et je peux m'y recueillir à mon gré. Avec un compagnon de vie, je n'aurais jamais pu parcourir le même chemin et poursuivre mon évolution. La sagesse chinoise relativise les événements, même les pires traumatismes. Toute épreuve est bonne à quelque chose. Elle est l'opportunité de développer son courage, son endurance et présente des bénéfices cachés. À l'opposé, tout bonheur contient en germe sa déliquescence, car rien n'est éternel.

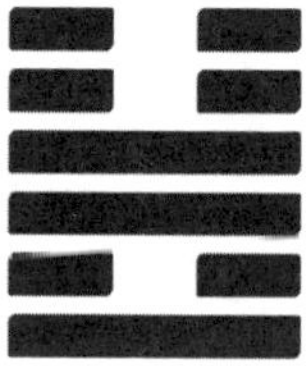

HEXAGRAMME 55, *FENG* ABONDANCE

La clarté du Feu en bas et le mouvement du Tonnerre en haut se conjuguent et provoquent Abondance. La profusion est toutefois fluctuante. Surdimensionnée, elle peut voiler la lumière ; maîtrisée, elle rayonne. Soleil et étoiles reflètent la variabilité de la lumière, miroir de notre intériorité.

L'ABRÉGÉ

Abondance, prospérité, seul le Roi peut y atteindre. Sans inquiétude, il convient d'être comme le soleil à son zénith.

C'est la corne d'Abondance. Cette profusion ne convient qu'à un personnage prééminent et digne.

LES TRAITS

1. *Rencontrer un maître, son égal ; hors d'atteinte.*
On rencontre un confrère de même niveau. La stimulation est réciproque.

2. *Abondance des voiles, au milieu du jour, voir la Grande Ourse. Avancer conduit au doute et à la méfiance, garder la confiance est créateur.*
Les *voiles* obscurcissent la vision. Il faut donc renoncer à poursuivre ou à entreprendre une action afin de se reconnecter avec sa propre lumière.

3. *Abondance obstruée, au milieu du jour, voir de petites étoiles. Se briser le bras droit, hors d'atteinte.*
Les ténèbres s'épaississent. L'action est temporairement bloquée. Toute situation a sa raison d'être. La compréhension se fera avec le recul.

4. *Abondance masque, au milieu du jour, voir la Grande Ourse ; rencontrer un maître, son égal, faste.*
L'éclipse dissimule partiellement les faits. L'errance est provisoire. Une rencontre éclairée ouvre la situation.

5. *La lumière vient, louange et bénédiction, faste.*
La confusion précédente s'évanouit, la profusion est maîtrisée ; cette situation génère reconnaissance et mérite.

6. *Abondance dans la demeure, la maison est voilée. Épier par la petite porte. Infortune.*

L'opulence ici ne rime pas avec générosité : on se retrouve seul et à nouveau plongé dans les ténèbres.

EN PRATIQUE

UN COLLÈGUE ESTIMABLE

Dans la continuité du cas précédent... Au cours d'un stage de qi gong avec un maître spécialement venu de Chine, je rencontre un professeur qui, lui, vient d'Espagne. Habituellement, je n'ai aucune attirance pour les pratiquants que je croise dans ces moments : trop âgés, trop disgracieux, pas assez impliqués dans l'énergie, déjà engagés, etc. Le bel A. est séducteur et séduisant. Sur l'instant, je m'emballe. Je me vois déjà en train de faire mes exercices sur une plage, en sa compagnie. De retour chez moi, j'interroge.

Les traits 1 et 3 me rendent ma lucidité. Le trait 1 – *Rencontrer un maître, son égal* – me confirme le niveau énergétique d'A., équivalent au mien ; *la stimulation est réciproque*. Mais le trait 3 me prévient. Ma vision est obscurcie, *l'amour rend aveugle* et *se casser le bras droit* signifie que je resterai dans l'ombre du macho.

Nous échangerons plusieurs e-mails avant que je sois en mesure de réaliser la grande véracité du tirage.

HEXAGRAMME 56, *LÜ* VOYAGE

Le Feu en haut, symbole de clairvoyance, éclaire la Montagne en bas, associée à la prudence. Voyage invite à la vigilance dans tous les changements d'espace afin de poursuivre sa route vers l'inconnu en minimisant les risques.

L'ABRÉGÉ

Voyage, petite prospérité ; au cours de Voyage, la persévérance est faste.

Déplacement spatial, volontaire ou non, ou quête spirituelle, Voyage exige un esprit ouvert pour s'adapter au changement. Cette recherche, dont le fruit est qualifié de *petit*, est bénéfique et suppose du courage.

LES TRAITS

1. *Voyager tel un indigent attire les ennuis.*
Les conditions du Voyage sont pour l'instant laborieuses.

2. *Voyager, trouver une auberge, garder sur soi son argent, obtenir un jeune serviteur fidèle.*
Les circonstances matérielles et humaines s'améliorent.

3. *Voyage, incendie de l'auberge, perte du jeune serviteur fidèle, danger.*
De l'agitation, des perturbations incommodent le déroulement du périple.

4. *Voyage, s'abriter dans un lieu de fortune, avoir de l'argent, le cœur n'est pas joyeux.*
Une halte provisoire s'impose. L'argent ne manque pas, mais la situation est mal vécue.

5. *Tirer une flèche sur un faisan et la perdre, en fin gloire et mandat.*
Le *faisan* est un symbole de réussite. Les honneurs et titres renforcent cette idée. Le but du voyage est atteint.

6. *Incendie du nid de l'oiseau, le Voyageur rit d'abord, puis se lamente. Infortune.*
Rien ne va plus. Voyage devient errance.

EN PRATIQUE

ERRANCE

Maman a fugué une fois de plus (voir hexagramme 37). Nous sommes samedi soir, elle n'est toujours pas rentrée. Ma sœur et moi l'attendons dans son appartement depuis le début de l'après-midi et la police est prévenue.

D'un commun accord, à plus de 20 heures, ma sœur m'abandonne à mon triste sort pour rejoindre son mari. Je me mets à implorer l'Univers et à prier. J'ai besoin de deux bonnes heures avant de m'apaiser partiellement et d'interroger.

Le terme *ennuis* du trait 1 me replonge dans l'inquiétude. La nuit est tombée depuis un moment. Que va-t-il lui arriver ? À cet instant précis, à 22 heures, le téléphone sonne. La police est en bas de l'immeuble et me ramène maman. Je descends la chercher et m'effondre en larmes, soulagée. Ma mère me réprimande avec insouciance : « Pourquoi pleures-tu, *tonta* (idiote) ? » La faim la tenaillant, elle est entrée dans un restaurant, les poches vides, s'est régalée et a bien bu. Avec bienveillance, le restaurateur a compris la situation – une vieille dame qui n'a plus ses esprits – et a appelé la police. Le trait devient limpide : *Voyager tel un indigent attire les ennuis.*

䷸

HEXAGRAMME 57,
XUN
VENT

L'hexagramme 57 porte le même nom que le trigramme répété qui le constitue. Vent est sans cesse mouvant. Dispersion et dissémination sont ses attributs. Ils incitent à s'accommoder aux circonstances, à modeler et ajuster son comportement selon ce qui se présente.

L'ABRÉGÉ

Vent, petite prospérité. Il est avantageux d'avancer, de voir un Grand Homme.

Vent est mobile, doux et pénétrant. Le changement est lent et demande des efforts d'adaptation.

LES TRAITS

1. *Progresser, reculer. Il est avantageux d'être persévérant comme un militaire.*
Tergiverser n'est pas l'attitude requise. Il est conseillé de se déterminer avec fermeté.

2. *Vent s'infiltre sous le lit, solliciter de nombreux devins et sorciers, faste, hors d'atteinte.*
Vent insuffle l'intime (« sous le lit ») jusqu'au trouble, exigeant une aide céleste protectrice.

3. *Limiter Vent entraîne des ennuis.*
Laisser faire sans freiner le cours des choses.

4. *Les regrets disparaissent. À la chasse, capturer trois espèces de gibier.*
La situation s'améliore, le tableau de chasse est fructueux.

5. *Persévérance faste, rien qui ne soit avantageux. Sans commencement, réalisation.*
Les circonstances sont de plus en plus favorables. Le non-agir génère des résultats.

6. *Vent s'infiltre sous le lit, perdre son argent, persévérance néfaste.*
La situation se retourne et l'entêtement mène au désastre.

EN PRATIQUE

UNE QUESTION SANS RÉPONSE

La pénibilité de mes conditions de travail d'institutrice en zone d'éducation prioritaire et sous la férule d'une directrice autoritaire (voir hexagramme 26) me conduit à interroger une fois de plus.

Je ne comprends ni l'abrégé, ni le trait 5. Parfois, il advient que la réponse apparaisse sans lien avec la question. L'absence de connexion flagrante signifie plusieurs choses. La question posée est superficielle, superflue et le *Yi* répond à autre chose de bien plus profond, plus important ; ou bien le consultant n'est pas concentré sur sa demande, ou bien encore le sens émergera par la suite et les événements à venir en donneront l'explication. Dans l'hexagramme 57, je pressens la troisième hypothèse, car j'entends la teneur du trait 2. J'assimile *solliciter de nombreux devins et sorciers* à ma double interrogation, c'est la deuxième fois que je demande pour ma directrice. Le *Yi* ne m'a pas envoyée paître, contrairement au cas présenté à l'hexagramme 4.

Le Vent, à un moindre degré que l'Eau, symbolise l'énergie d'imprégnation, fluide et douce. *Vent s'infiltre sous le lit.* Il est possible que mon travail énergétique sur l'école porte ses fruits. Dans les situations difficiles, il convient de plier l'échine ou plutôt de courber le dos tel un roseau sous l'effet d'une brise, afin de ne pas rompre. Ployer ce n'est pas se soumettre, c'est accorder davantage d'importance au travail intérieur qu'à une action d'éclat, tout aussi inutile que venimeuse. Tel est le sens du trait 5 *Sans commencement, réalisation.*
Bien des semaines plus tard, je constate que la situation s'est globalement améliorée.

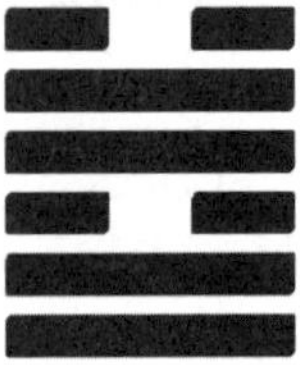

HEXAGRAMME 58,
DUI
JOIE

Avec ce même trigramme redoublé, Joie ne peut qu'être léger et convivial. L'hexagramme évoque une ambiance propice aux échanges, à la communication allègre dans un état d'esprit ouvert et confiant. La relation à autrui est naturelle et harmonieuse, le plaisir est partagé. Les trois derniers traits apportent un petit bémol, relatif au comportement.

L'ABRÉGÉ

Joie, prospérité, la persévérance est avantageuse.

Euphorie, bien-être, plaisir sont au programme : Joie véritable, celle qui vient du fond du cœur et que l'on partage.

LES TRAITS

1. *Joie et harmonie, faste.*
Légèreté et spontanéité caractérisent ce début.

2. *Joie et confiance, faste.*
La démarche est authentique et naturelle.

3. *Rechercher Joie est néfaste.*
Vouloir à tout prix est déconseillé. Ce n'est pas le moment.

4. *Discuter à propos de Joie sans calme.*
Instabilité et inquiétude dominent.

5. *S'approcher de l'altération, danger.*
Il n'est plus question de Joie, mais de dégradation, rester vigilant est une exigence.

6. *Guider Joie.*
On se laisse entraîner ou bien on cherche à entraîner. Cette attitude est à proscrire.

EN PRATIQUE

Y'A DE LA JOIE !

L'été approche et avec lui, le grand stage annuel à l'abbaye. Cette année-là, les habitués reviennent avec enthousiasme et j'intègre deux nouveaux participants, dont une inconnue. La personne récemment inscrite a peu pratiqué le qi gong de la sagesse. Je l'ai prévenue ; il ne s'agit aucunement de mémoriser les longs enchaînements, mais de se laisser porter par ma voix et l'histoire qu'elle raconte. Afin d'en tirer des bénéfices, il convient de lâcher prise, de ne pas *saisir*, selon la terminologie bouddhiste. C'est l'occasion d'interroger sur l'ambiance générale.

La question est récurrente puisque le stage a lieu chaque année. L'hexagramme est brut et ne laisse planer aucun doute. Une Joie authentique est au programme.

Durant le séjour et d'un commun accord, nous innoverons avec un petit changement de programme. Les journées sont longues et intensives, nous démarrons à 7 heures et terminons à 22 heures En lieu et place de la pratique du soir qui nous fait courir ventre plein, je suggère détente et plaisir. Après le dîner (légèrement) arrosé, certains d'entre nous se retrouvent sur la plage pour admirer le coucher du soleil sur la mer et prendre un bain de pieds. De mémorables fous rires égaieront ces soirées.

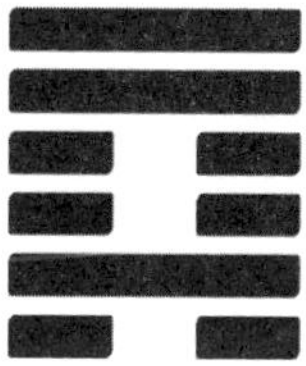

HEXAGRAMME 59, *HUAN* DISPERSION ET RÉUNION

Le trigramme supérieur Vent agit à la surface de l'Eau, trigramme inférieur. Vent disperse et répand. L'agencement de ces deux trigrammes est un concentré de réserve énergétique. *Huan* a un double sens : diluer et cristalliser. L'hexagramme 59 dissout les nœuds pour mieux réunir. Les forces sont équilibrées et la transformation bénéfique.

L'ABRÉGÉ

Dispersion et Réunion, prospérité, traverser les grandes eaux et persévérer sont propices.

Les problèmes se résolvent, la résistance se dilue et le succès advient.

LES TRAITS

1. *Se servir d'un cheval puissant, faste.*
Force et vigueur sont nécessaires pour commencer.

2. *Dispersion et Réunion galopent vers le favorable.*
Des opportunités se présentent, le flux énergétique est positif.

3. *Dispersion et Réunion atteignent l'être profond.*
La transformation s'intensifie.

4. *Dispersion et Réunion atteignent la foule, hautement faste.*
Dispersion et Réunion dépassent l'individu et concernent la communauté. Dissoudre un ensemble puis le réorganiser sont des tâches dévolues à un leader et promises à une belle réussite.

5. *Dispersion et Réunion s'annoncent à voix forte, hors d'atteinte.*
Porté par le flux énergétique, on éprouve le besoin de faire connaître ses intentions.

6. *Dispersion et Réunion, les inquiétudes se dispersent et les soucis s'évanouissent.*
Les problèmes fondent comme neige au soleil et dissipent toute anxiété.

EN PRATIQUE

UNIVERS, FAIS-MOI SIGNE !

La lune est presque pleine et écourte ma nuit. Je n'ai fermé l'œil que deux heures et me sens fatiguée. J'ai un cours à donner, provisoirement déplacé en extérieur, pour cause de déconfinement et le trajet pour m'y rendre à pied n'est pas particulièrement folichon. La circulation automobile est dense, la rue est en pente et je peine. Une pensée très rapide me traverse l'esprit. Je trouve assez souvent des objets qui concrétisent symboliquement et simultanément mes pensées. Les synchronicités matérialisées sont comme un viatique pour le voyage de ma vie. La période de confinement a réduit ces découvertes inopinées. Tout en marchant, je demande un petit signe d'encouragement à l'Univers, puis je me ravise. J'ai récolté suffisamment de signes en tous genres et mon appartement va finir par ressembler à une boutique de brocanteur.

Sur le chemin du retour, accrochés entre deux buissons, j'entrevois des *loungta*, ces chevaux de vent tibétains formés de petits rectangles en tissu colorés, imprimés de prières, pour une dispersion à tout vent. En m'approchant, je constate mon erreur. Nul mantra ou prière, mais un mot en anglais sur chacun des rectangles : *wisdom, compassion, serenity, magic, love* et *peace*. Je souris. L'Univers a entendu ma demande rectifiée. Les trois premiers mots concernent le cours de qi gong de la sagesse que je viens de dispenser, *magic* est ce moment, il manque une majuscule à *love*, et *peace* est ce que je recherche depuis toujours. Je ne fais qu'une cinquantaine de pas supplémentaires lorsque j'aperçois un grand pendentif en cuivre sur le rebord du trottoir.

Je ne peux m'empêcher de le ramasser, c'est un crucifix. Je ne pouvais laisser Jésus par terre…

De retour chez moi, je demande : « Pourquoi le Christ ? » *Dispersion et Réunion* dissout les nœuds et génère de nouvelles perspectives. J'obtiens les traits 3 et 4. L'être profond m'émeut, et mon propre commentaire – *La transformation s'intensifie* – résonne comme un écho par rapport l'hexagramme 49. *Une métamorphose programmée*, tiré sept mois auparavant. Le trait 4 reste en suspens… Je sais, ou plutôt, « on » me fait savoir que cette année se déroule sous des auspices spirituels.

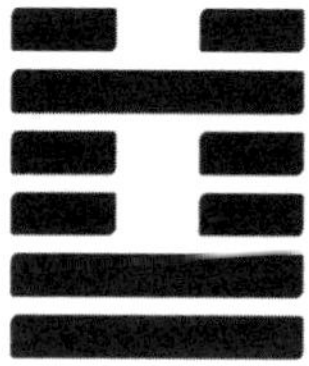

HEXAGRAMME 60,
JIE
MODÉRATION

Afin que le trigramme supérieur Eau ne fasse déborder le trigramme inférieur Lac, l'hexagramme 60 conseille le sens de la mesure, en toute chose. Ni trop ni trop peu, y compris dans la Modération ; en d'autres termes modérer également son désir de Modération. Se conformer à ses propres limites et régler son action en fonction des limites de la situation, tel est le sens de cet hexagramme qui illustre la Voie du juste milieu.

L'ABRÉGÉ

Modération, prospérité, modérer sa peine ne peut durer.

S'abstenir de tout excès, c'est appliquer la Voie du milieu. La recherche de cet équilibre sera couronnée de succès. Cependant, la pondération peut s'avérer ardue et il faut savoir également modérer sa Modération.

LES TRAITS

1. *Ne pas franchir la petite porte de la cour, hors d'atteinte.*
La prudence est de mise. Reconnaître ses limites pour ne pas les dépasser est signe de circonspection.

2. *Ne pas franchir la grande porte de la cour, infortune.*
Rester enfermé chez soi est une privation excessive. On peut rater des opportunités.

3. *Sans Modération, des regrets, hors d'atteinte.*
Vanité, orgueil, *hubris* sont autant de traits de caractère dont on se doit d'être conscient. Cet examen n'est pas sans susciter *des regrets* et annonce les prémices d'une évolution.

4. *Modération qui se contente, prospérité.*
Si elle est bien vécue, Modération révèle un esprit sage.

5. *Modération douce, faste.*
Le sens de la mesure est un comportement dénué d'aigreur. Il emplit celui qui l'applique d'une satisfaction suave.

6. *Modération amère, persévérer est néfaste.*
Les restrictions exagérées dépassent la mesure. Persévérer ainsi mène au désastre.

EN PRATIQUE

UNE QUESTION SPIRITUELLE

Je suis en retraite avec mon lama et la *sangha* (mot désignant la communauté spirituelle recevant les enseignements d'un guide). L., une « sœur » (ou condisciple), s'interroge sur son évolution spirituelle et tombe sur cet hexagramme. Il traite du sens de la mesure à donner à toutes choses. Je connais L. et sa tendance à l'exagération, à la surchauffe, oserais-je dire. La spiritualité est sa raison d'être, mais point trop n'en faut.

Les traits 2 et 6 confortent mon impression. Il s'agit de modérer son attitude, d'apprendre à lâcher le lâcher. Son exigence de non-saisie est paradoxale et frôle l'acharnement. Trop d'espoir, de désir et d'attente sont nécessairement des freins à une avancée. L'intensité de sa pratique, prioritaire sur son environnement, doit être tempérée. Ce n'est qu'à cette condition qu'elle pourra s'améliorer. Plutôt que de faire, coûte que coûte, mieux vaut s'orienter vers l'être. Labourer sans penser à la récolte. Et le Roland Barthes des *Fragments d'un discours amoureux* me revient en mémoire : « Ne pas vouloir saisir le non-vouloir-saisir ; laisser venir [...] ce qui vient, laisser passer ce qui s'en va ; ne rien saisir, ne rien repousser : recevoir, ne pas conserver ; produire, s'en approprier... »

Le *Yi* avertit L. : persévérer comme elle le fait n'engendrera que déception et aigreur.

HEXAGRAMME 61, *ZHONG FU* CONFIANCE INTÉRIEURE

La disposition des traits du trigramme inférieur Lac, sous le trigramme supérieur Vent, forme un vide central représenté par les deux traits *yin* du milieu. Cette image est celle d'un cœur vide et pur, dénué de préjugés. Authenticité, ouverture, quiétude, justesse et simplicité distinguent l'un des plus profonds hexagrammes du *Yi*.

L'ABRÉGÉ

Confiance intérieure, faste. Traverser les grandes eaux et persévérer sont propices.

Zhong signifie « centre ». La conscience est toute de rectitude : avoir confiance en soi et dans la vie, de façon honnête et authentique, c'est être aligné.

LES TRAITS

1. *Demeurer tranquille, faste ; penser à autrui ôte la tranquillité.*
Maintenir un état de quiétude sereine sans perturbations mentales à propos d'un tiers.

2. *J'ai deux coupes de bon vin que j'aimerais partager avec toi.*
Véritable amitié entre deux personnes, symbolisée par le partage du vin.

3. *Tantôt battre du tambour, tantôt s'arrêter, ce n'est pas convenable.*
En termes de communication, la relation, ici, diffère du trait précédent. Des moments excessifs alternent avec des pauses. On peut devenir inquiet et perdre confiance.

4. *Le cheval oublie sa partenaire, hors d'atteinte.*
Il est question de séparation. *Le cheval* se libère et poursuit sa progression sans sa compagne, la jument.

5. *Avoir confiance comme avec une jument, c'est correct.*
En se renforçant, la Confiance permet aussi de se protéger.

6. *La voix s'élève, la persévérance est néfaste.*
L'atmosphère dégénère. Le ton monte, la vision est erronée. Poursuivre ainsi dénote une attitude bornée, voire arrogante.

EN PRATIQUE

UN RENDEZ-VOUS CHEZ LE DENTISTE

Une dent cassée, une implantation prévue, un pivot posé, et me voilà secouée. Je souffre le martyre. Je resterai ainsi quinze jours durant, jusqu'au prochain rendez-vous. Le cas est rarissime me dit-on, sauf pour les diabétiques. Le pivot est « rejeté ». Il est retiré sans anesthésie et je dois encore attendre pour que le dentiste soit en mesure de rouvrir la mâchoire et nettoyer. Toujours de l'attente, donc, pour un second essai. Entre les deux tentatives, je tire l'oracle et obtiens l'hexagramme Confiance, sans trait mutant.

Le tirage me rassure, le second pivot ne devrait pas être rejeté. Je fouille ma bibliothèque à la recherche du *Dictionnaire du langage de vos dents* d'Estelle Vereeck. La dent concernée porte le numéro 45, c'est celle de l'affirmation et de la confiance. Et c'est donc en conscience que je me représenterai chez le dentiste, afin de restaurer physiquement et psychiquement ma confiance. L'opération se déroule normalement et la suite également. La visite de contrôle ne détecte rien de particulier. Entre-temps, une autre dent nécessite un petit arrangement, auquel le dentiste procède dans la foulée.

Cette anecdote s'inscrit dans la continuité de l'hexagramme 49.

HEXAGRAMME 62, *XIAO GUO* SURPASSEMENT DU PETIT

La position du trigramme supérieur Tonnerre, au-dessus du trigramme inférieur Montagne, éloigne toute volonté de puissance. Les moyens sont faibles, le champ d'action limité. Le texte sonne comme un avertissement, le temps n'est pas propice aux grandes entreprises. La figure de l'hexagramme évoque un oiseau : les deux traits *yang* du milieu en représentent le corps, les quatre traits *yin*, de part et d'autre, les ailes.

L'ABRÉGÉ

Surpassement du petit, prospérité. Le vol de l'oiseau ouvre la Voie, impossible vers le haut, grandement faste vers le bas.

Ici il est question de petits excès ou de moyens limités. L'attitude à adopter consiste à modérer ses appétits ou ambitions. L'hexagramme nous avertit des difficultés de toutes sortes dues à ces limitations.

LES TRAITS

1. *L'oiseau qui vole ainsi est néfaste.*
Il est prématuré de commencer dans ces conditions car on ne peut recevoir aucune aide.

2. *Ne pas attendre son souverain, son subordonné ne peut le dépasser, hors d'atteinte.*
Mieux vaut être seul que mal accompagné, car ce passage en solitaire n'est en rien catastrophique.

3. *Il est possible de suivre ce qui nuit, néfaste.*
Ne pas se laisser entraîner requiert attention et prudence.

4. *Hors d'atteinte, avancer est dangereux, en fin cela ne peut durer.*
Méfiance et vigilance sont conseillées pour un temps, cette attitude ne sera pas figée, telle est la leçon de l'impermanence.

5. *Nuages épais sans pluie.*
Le succès n'est pas à l'ordre du jour, il convient donc de s'armer de patience.

6. *Le désastre arrive de lui-même.*
L'échec est le seul horizon.

EN PRATIQUE

DU CALCIUM POUR MES OS

E. (voir hexagramme 47 et hexagramme 52) vient de passer une densitométrie osseuse, qui lui diagnostique une ostéo porose sévère. E. me demande quel exercice de qi gong pratiquer. En premier lieu, je la rassure. Pas plus tard que la semaine précédente, mon médecin traitant et acupuncteur, qui doit partir incessamment à la retraite, m'a informée sur cette question. Il corroborait mon opinion sur l'ostéoporose, cette nouvelle « maladie » inventée par les officines et la médecine des laboratoires pour vendre encore plus de médicaments. L'ostéoporose n'est que le vieillissement naturel des os et n'impacte pas plus les femmes que les hommes. Inutile de se gorger de calcium artificiel, qui, au lieu d'être assimilé, va se loger dans les articulations pour y engendrer des microcalcifications. À une pseudo-maladie, la médecine officielle remédie par un préjudice. Je conseille à E, outre un exercice de qi gong, d'interroger le *Yi*.

La réponse propose une stratégie réaliste et conseille de ne pas vouloir trop en faire. Une naturopathe consultée prescrit à E. du calcium marin, à une dose quatre fois inférieure à celle mentionnée sur la boîte et à celle du calcium de synthèse prescrite par le médecin. Le trait 4 apaise E. avec la formule *hors d'atteinte*. Il confirme qu'*avancer est dangereux*, c'est-à-dire qu'une action excessive est déconseillée et qu'il s'agit de faire du temps un allié. La meilleure attitude consiste donc à se préserver et à freiner la progression de l'altération par une alimentation équilibrée et une activité physique régulière telle que la marche et/ou le qi gong.

HEXAGRAMME 63, *JI JI* ACCOMPLISSEMENT RÉALISÉ

Le trigramme Eau sur Feu signale que tout est à sa place. En médecine traditionnelle chinoise et en qi gong, Eau est reliée à l'énergie des reins et Feu à celle du cœur. Pour une circulation fluide et un échange équilibré, Eau doit monter et Feu descendre. L'inverse génère une rupture de communication entre ces deux éléments. Si Feu poursuit son ascension naturelle et Eau continue de s'écouler, ils s'éloignent l'un de l'autre. Dans Accomplissement réalisé, Eau et Feu se soutiennent mutuellement et s'harmonisent. L'équilibre est momentanément parfait, mais l'hexagramme 63 avertit de sa temporalité et donne une belle leçon de vie sur l'impermanence.

L'ABRÉGÉ

Accomplissement réalisé, petite prospérité. Au début, fortune ; en fin, désastre.

Apparemment les difficultés semblent avoir été surmontées. L'équilibre peut être qualifié de parfait, cependant rien n'est jamais acquis et la fin de l'abrégé nous prévient d'un retournement inéluctable.

LES TRAITS

1. *Freiner les roues, hors d'atteinte.*
La situation en est à ses balbutiements et il vaut mieux ralentir.

2. *Sans partir, au bout de sept jours, obtenir.*
Si l'on patiente tranquillement, les choses redémarreront d'elles-mêmes.

3. *Gao Zong soumet le pays des démons en trois ans, sans faire appel aux hommes ordinaires. Le triomphe épuise.*
Gao Zong est un roi guerrier. Sa mission peut sembler longue et seul un tel personnage, doté de courage et de rigueur, est capable de remporter la victoire, au prix d'une grande lassitude.

4. *La vigilance est de mise tout au long du jour.*
Il faut se tenir sur ses gardes à tout moment.

5. *Les voisins de l'Est tuent un buffle, les simples offrandes des voisins de l'Ouest bénéficient réellement de la bénédiction du Ciel.*
L'authenticité prévaut sur toutes les richesses matérielles. *C'est l'intention qui compte*, elle seule sera récompensée.

6. *Mouiller sa tête, danger. Comment cela peut-il durer ?*
Le risque est grand, on peut se noyer dans les difficultés mais la situation n'est que temporaire.

EN PRATIQUE

QUESTION DE CHOIX (3)

Ce cas fait suite aux hexagrammes 17 et 38. A. pose la troisième et dernière question possible et résolutoire. Dois-je quitter mon entreprise ?

L'apparente ambiguïté de l'abrégé décrit la situation dans laquelle se trouve A. Dans son poste actuel, un certain équilibre a été atteint, mais - comme tout équilibre - il ne saurait perdurer. Le trait 2 laisse penser qu'un nouvel élément imprévu et rapide devrait faire basculer les choses. *Sans partir* suggère de demeurer. Cependant, je demande à A. de m'indiquer l'implantation géographique des deux entreprises respectives. Le poste qu'il occupe à ce jour se situe à l'est de Paris, la proposition qui le tente au nord, plus précisément au nord-ouest. Ainsi, le trait 5 signale une confiance et une sincérité de la part de ses futurs employeurs.

Je ne sais ce qu'A. décidera et je ne le sais toujours pas.

HEXAGRAMME 64, *WEI JI* SUR LA VOIE DE L'ACCOMPLISSEMENT

Les trigrammes sont les mêmes que ceux de l'hexagramme précédent, mais inversés : Feu au-dessus poursuit son élévation et Eau en bas son mouvement descendant. Les deux éléments s'écartent l'un de l'autre. L'hexagramme 63 traite d'un succès réalisé, l'hexagramme 64 de ce qui est, à nouveau, en devenir.

L'ABRÉGÉ

Sur la Voie de l'Accomplissement, prospérité, rien qui ne soit avantageux.

L'avenir est prometteur, tout reste à faire.

LES TRAITS

1. *Mouiller sa queue, ennuis.*
Les débuts ne sont pas toujours aisés et l'avenir encore incertain.

2. *Freiner les roues, la persévérance est propice.*
Il faut continuer sur cette voie mais en ralentissant. L'absence de précipitation est garante de la suite.

3. *Mener une expédition est néfaste, traverser les grandes eaux, propice.*
Les nuances accompagnent l'action mais les temps ne sont pas mûrs pour un projet d'envergure.

4. *La persévérance est propice. Au bout de trois ans, la volonté s'accomplit.*
La victoire sera le fruit de la patience et de la ténacité.

5. *Lumière du Sage, garder la confiance.*
La réussite ainsi obtenue nourrit la confiance et l'expérience procure une forme de sagesse.

6. *Boire du vin, ne pas connaître le sens de la modération.*
La limite est atteinte. Il convient de ne pas la transgresser en désirant davantage. Vouloir plus éloigne de la Voie du milieu.

EN PRATIQUE

UNE LIAISON PAS TOUT À FAIT ROMPUE…

M. est la grand-mère inquiète des hexagrammes 38 et 48. Avant d'être grand-mère, elle est aussi femme. Lors d'une de ses consultations régulières, elle interroge sur une liaison amoureuse qu'elle entretient depuis de nombreuses années avec un homme déjà engagé. Selon ses dires, elle a rompu récemment et définitivement. Sa tristesse au long cours lui fait presque regretter sa décision. Comment vivre la séparation douloureuse ?

L'abrégé semble annoncer un nouvel et bénéfique agencement des forces. Ma lecture silencieuse du premier trait mutant me laisse médusée. Je demande à M., qui est une amie de longue date, si elle n'a pas revu son amant. Estomaquée, M. s'esclaffe : « Comment tu peux savoir ça ? » Je n'ai pas canalisé d'information, j'ai simplement pris le texte au sens propre, qui signale de façon crue des rapports sexuels : *Mouiller sa queue, ennuis.* Toutes deux, nous éclatons de rire. M. m'avoue qu'elle a souhaité et suscité un dernier rendez-vous, mais que cette fois-ci ce sera bien le dernier, promet-elle…

YI JING CONNEXION ?

Je participe à mon premier stage de qi gong sous la direction de maître Zhou Jing Hong et du docteur Jean Becchio, quand je tombe sur un ouvrage intitulé *Yi Jing, le Livre des transformations*, traduit par Richard Wilhelm et Étienne Perrot. En le feuilletant, je ressens immédiatement une sensation d'étourdissement. Persuadée que l'intensité du stage est en cause, je referme le livre et m'adosse contre le mur. Le lendemain, je reprends ma lecture et à nouveau, le même vertige s'empare de moi. J'en déduis que le livre y est pour quelque chose. C'était il y a vingt-cinq ans dans les montagnes ariégeoises…

L'été suivant, je pars en Chine avec maître Zhou à la découverte des hauts lieux de la tradition du qi. Nous séjournons dans la province du Hubei, sur le mont Wudang, matrice des arts martiaux internes et de la méditation. Au pied du Zixiagong (le temple des Nuages pourpres), un panneau indique la possibilité de consulter le *Yi Jing*. Je me dirige avec curiosité vers une petite salle faiblement éclairée où un vieux moine taoïste, vêtu de la tenue bleue traditionnelle et arborant une très longue barbichette blanche, interprète le tirage. Maître Zhou, qui m'accompagne, se charge de la traduction et m'annonce que pour me faire connaître, je devrai écrire…

Quelque temps plus tard, M. Zhou me propose de traduire et commenter le texte du *Yi Jing* dans l'une de ses versions originelles. À l'époque, j'habite à Paris, rue du Printemps, et j'y resterai dix ans. Durant toute cette période, le code de l'immeuble reste inchangé ; il est composé des quatre chiffres clés qui résultent du tirage du *Yi Jing* avec les pièces de monnaie et dans cet ordre : 9/8/7/6. À la même époque, des travaux de voirie sont menés sur le trottoir, devant la porte de l'immeuble. Sur le ciment encore frais, on a tracé les lettres Y K, correspondant aux initiales de l'ancienne transcription *Yi King*. Les séances de travail hebdomadaires avec M. Zhou se déroulent à mon domicile et je constate que l'hexagramme qui termine la journée imprègne toute la semaine qui suit. Mes pensées ne cessent de tourbillonner autour du texte, en état de veille ou dans mon sommeil. Le *Yi Jing* doit sans doute inspirer mes promenades, car à quelques jours d'intervalle et par deux fois, mon pied rencontre un objet métallique. Il s'agit de deux pendentifs en argent : le premier est un petit parchemin incomplètement déroulé ; le second, dans son écrin de feuilles, est une rose, symbole alchimique de la perfection et de l'origine de toutes choses.

Je viens d'aborder ma cinquantième année et m'interroge sur ce destin tardif : s'inscrirait-il dans mon prénom ? Je fais alors appel à l'étymologie. *Carmen* en latin signifie « chant », « son de la voix », « poésie lyrique », mais aussi « réponse d'un oracle », « prédiction », « paroles magiques ». Certains spécialistes font voisiner ce nom avec les Camena (ou Camènes), ces nymphes aux chants prophétiques qui bruissaient près des cours d'eau. Dois-je préciser que M. Zhou m'appelle Ka'Men ?

La traduction du texte touche à sa fin, quand je commence à initier mes élèves de qi gong aux principes du *Yi Jing*. Les cours se déroulent dans mon nouvel appartement, au bord du canal de l'Ourcq. Après un après-midi d'étude textuelle intense, j'éprouve un besoin impérieux de m'aérer et effectue quelques kilomètres en compagnie de F., l'une de mes étudiantes. Au cours de cette promenade, j'aperçois de loin, sur une barrière levante pour automobiles, quelques lettres tracées à la bombe. En m'approchant, je lis le mot ORACLE.

Peu de temps après, je participe à un stage de qi gong dans la campagne catalane, non loin de Gérone, où un grand maître chinois tente d'éveiller nos capacités paranormales. À la fin du séjour, juste avant de quitter l'appartement que je loue en plein centre-ville, je remarque que les rideaux de la chambre sont lestés par deux plaques circulaires sur lesquelles sont représentés les huit trigrammes. Dans le train qui me ramène en France, M. Zhou m'appelle pour m'annoncer qu'il est temps de publier notre deuxième ouvrage. Il s'ensuit une période de totale immersion dans le *Yi Jing*. La dernière relecture me demande plus de cinquante heures d'attention. À la fois épuisée et excitée, je décide de décrocher et, à 3 heures, je choisis un film sur YouTube intitulé *Escrocs*, une comédie américaine de troisième ordre dans laquelle un milliardaire (Dany De Vito), victime d'un cambriolage, réussit à s'emparer de la bague du voleur. Le milliardaire est persuadé qu'il s'agit d'une bague magique et, à la suite d'une remarque peu flatteuse de son avocat, il affirme qu'il s'est toujours intéressé au *Yi Jing*. Dans une autre séquence, le milliardaire téléphone à l'une de ses maîtresses, une tenancière de maison close. Cette dernière procède à un tirage avec les sapèques et lui prédit « qu'il ne faut pas marcher sur la queue du tigre ». J'ai d'autant mieux entendu le message que je suis moi-même du signe du Tigre.

Quelque temps plus tard, en longeant le canal de l'Ourcq, je suis attirée par un graff formé de trois traits horizontaux et parallèles, deux violets et un jaune. Je l'associe immédiatement au trigramme Ciel ; quant aux couleurs, ce sont celles que nous avons choisies avec M. Zhou pour la couverture de notre livre qui doit être imprimé en Chine. À mon retour de promenade, un message m'apprend que le livre vient d'arriver de Pékin. Dans la soirée, je me plonge dans un roman policier de Daniel Easterman *Incarnation*, où l'on trouve un ministre chinois, fumeur invétéré pratiquant le qi gong, une maison close tenue par Mme Zhou et une jeune prostituée Mei Hua tirant l'hexagramme 31. Dois-je ajouter que j'habite au numéro 31 ?

Ces synchronicités à répétition illustrent le rapport entre la matière et le pouvoir de l'esprit. Leur interdépendance exprime la non-dualité prônée par la Chine ancienne, parvenue jusqu'à nous à travers ce texte fondateur. Les pensées préconscientes sont de l'énergie insubstantielle à laquelle la matière donne une forme concrète. Le monde phénoménal, les apparences reflètent le monde intérieur. Extérieur et intérieur deviennent indifférenciés. Les hexagrammes révèlent donc ce qui se cache au plus profond de l'esprit, dont l'énergie est proche de celle du Dao.

Les divers signes qui ont jalonné mon parcours sont-ils des indicateurs de ma connexion au *Yi Jing* ? Pour le savoir, j'ai donc posé la question et le *Yi* m'a fait la réponse suivante :

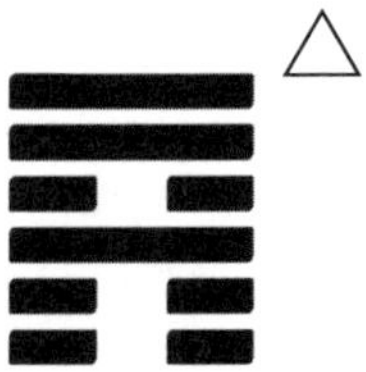

Hexagramme 53
Progression

Le texte du trait mutant indique que « l'oie sauvage progresse vers les hauteurs. Faste », le commentaire confirme que « l'élévation atteint son apogée, au-delà des contingences ordinaires. On porte un regard lucide sur le chemin parcouru »…

REMERCIEMENTS

À mes parents, ma sœur Maïté.

À mon guide spirituel Chepa Dorje Rinpoche.

À mon professeur de *qi gong* de la sagesse et de *Yi Jing*, Zhou Jing Hong.

À tous les enseignants qui m'ont inspirée.

À la communauté de mes amis et élèves.

À Stéphanie Honoré, Sandrine Navarro et Isabelle Chave pour leurs conseils bienveillants, aux éditions Leduc.s.

TABLE DES MATIÈRES

DANS LA MÊME COLLECTION

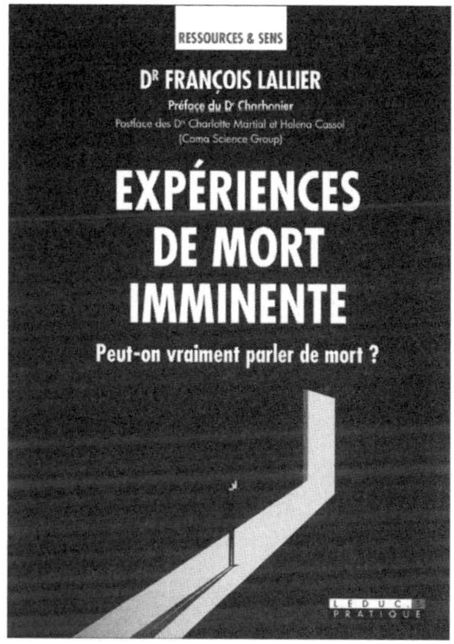

Cet ouvrage est composé de matériaux issus de forêts bien gérées certifiées FSC®, de matériaux recyclés et de matériaux issus d'autres sources contrôlées.

Le Forest Stewardship Council® est une organisation internationale non gouvernementale qui encourage une gestion écologiquement adaptée, socialement bénéfique et économiquement viable des forêts de la planète. Pour en savoir plus, consultez le site *www.fsc.org*

FSC
www.fsc.org
MIXTE
Papier issu de sources responsables
FSC® C022829

Achevé d'imprimer en février 2021
sur les presses de la Nouvelle Imprimerie Laballery
58500 Clamecy
Dépôt légal : février 2021
N° d'impression : 011509

Imprimé en France

La Nouvelle Imprimerie Laballery
est titulaire de la marque Imprim'Vert®